ETELÄ-KARJALA

Iloinen idän portti

TEKIJÄT • MEDARBETARE • PRODUCTION • MITWIRKENDE • СОСТАВИТЕЛИ

Kuvat • Bilder • Photography • Fotos • Фотографии
Arto Hämäläinen (A.H.), Reino Turunen (R.T.)

Teksti • Text • Tekst • Текст
Arto Hämäläinen

Ulkoasu ja taitto • Ombrytning • Lay-out design • Umbruchplanung • План верстки
Juho Jäppinen, Jussi Jäppinen Ky

Käännökset • Översättning • Translation • Übersetzung • Перевод
Lappeenrannan teknillisen korkeakoulun kielikeskus

Värierottelu ja painotyöt • Färgseparation och tryck • Colour separation and printing • Farbentrennung und Druckarbeiten • Расцветка и печатание
GUMMERUS KIRJAPAINO OY
Jyväskylä 2001

Kustantaja • Förlag • Publisher • Verleger • Издатель
Vaulasvirta Oy
Lappeenranta

Paperi • Papper • Paper • Papier • Бумага
Galerie Art Silk
m·real

ISBN 952-91-3988-8

YSTÄVÄLLINEN ETELÄ-KARJALA

Etelä-Karjala on maakuntana monella tavalla mielenkiintoinen. Luontonsa puolesta se on osa kauneinta Suomea. Saimaa ja Vuoksi ovat tunnetuimmat luontonähtävyydet.

Maakunnan elinkeinoelämä on kansainvälistä. Maailman johtavat metsäteollisuusyritykset muodostavat Etelä-Karjalan talouselämän ytimen, jonka ympärille on kehittynyt monenlaista sitä palvelevaa toimintaa. Vastaavaa metsäteollisuuden keskittymää saa maailmalta hakea.

Maakunnan koulutustarjonta on monipuolista ja sen huippua edustaa Lappeenrannan teknillinen korkeakoulu, jonka vaikutus yritystoiminnan kehittymiseen näkyy entistä selvemmin. Etelä-Karjala tarjoaakin yritystoiminnalle oivallisen toimintaympäristön paitsi osaavan työvoiman saannin myös muiden tekijöiden suhteen.

Rajamaakuntana Etelä-Karjala tarjoaa kansainvälisille yrityksille lähimmän turvallisen länsimaisen sijainnin suhteessa Venäjän markkinoihin. Monipuoliset yhteydet Venäjälle ja kokemus Venäjän kaupasta ovatkin erityispiirre, jota ei muualta löydy.

Vilkkaat ja ystävälliset ihmiset ja karjalainen kulttuuri luovat leppoisan ilmapiirin, jossa vierailija taatusti viihtyy ja myös kotiutuu.

Etelä-Karjala on tulevaisuuden maakunta, joka luottaa vahvuuksiinsa.

Maakuntajohtaja
Timo Puttonen

VÄNLIGA SYDKARELEN

Sydkarelen är på många sätt ett mycket intressant landskap. Dess natur representerar den allra vackraste delen av Finland. De mest kända naturattraktionerna i Sydkarelen är Finlands största insjö Saimen (med förbindelse via Saima kanal till Finska Viken och Viborg) och vattenfallet Vuoksen.

Landskapets näringsliv är internationellt. Världens största skogsindustrier, som dragit till sig mångsidig kringverksamhet utgör kärnan i Sydkarelens näringsliv. Motsvarande koncentration av skogsbaserad industri har man svårt att finna på annat håll.

Sydkarelen erbjuder ovanligt mångsidiga möjligheter till utbildning. Flaggskeppet är Villmanstrands Tekniska Högskola LTTK (och Handelshögskola), vars inverkan på landskapets näringsliv syns allt tydligare. Sydkarelen erbjuder således en utomordentlig miljö också för näringsverksamheten, inte minst i fråga om tillgång till utbildad personal.

På grund av sin närhet till östra gränsen mot Ryssland erbjuder Sydkarelen närmaste trygga västerländska bas för affärer med den enorma ryska marknaden. I fråga om handeln med Ryssland, är Sydkarelen unik med sin långa tradition, sina mångsidiga kontakter och sin kännedom på området.

Det glada och vänliga karelska lynnet skapar en trivsam atmosfär, där besökaren snabbt känner sig hemma.

Sydkarelen är ett landskap med gott självförtroende och ljus framtid.

*Regionchef
Timo Puttonen*

THE FRIENDLY SOUTH KARELIA

South Karelia is a very interesting province in various ways. With regard to its nature, it belongs to the most beautiful parts of Finland. Lake Saimaa and river Vuoksi are the best-known nature attractions.

In the province, the industry and commerce are of an international nature. The world's leading forest industry companies form the heart of the South Karelian economy, surrounded by various activities serving it. A comparable forest industry centralisation is hard to find, even on an international scale.

The education supply of the province is versatile, and the highest grade is provided by Lappeenranta University of Technology, which has an increasing influence on the development of the entrepreneurship. South Karelia offers an excellent operational environment for entrepreneurship, not only because of the supply of skilful labour force but also other factors.

As a border province, South Karelia offers international companies the nearest safe western position in relation to the Russian market. Versatile connections to Russia and the experience on Russian trade are the special characteristics that can not be found elsewhere.

Lively and friendly people and the Karelian culture create a genial atmosphere which visitors certainly enjoy and where they begin to feel at home.

South Karelia is a province of the future, trusting in its strengths.

*Executive Director of the Council of Etelä-Karjala
Timo Puttonen*

FREUNDLICHES SÜD-KARELIEN

Süd-Karelien ist eine auf viele Weise interessante Provinz. Die finnische Natur zeigt sich hier von ihrer schönsten Seite. Das Saimaa-Seengebiet und der Fluss Vuoksi sind die bekanntesten Naturschönheiten der Region.

Das Wirtschaftsleben in Süd-Karelien ist international. Den Kern bilden weltweit führende Unternehmen der Holz verarbeitenden Industrie, um die sich Dienstleistungsbetriebe und Zulieferer angesiedelt haben. Eine vergleichbare Konzentration von Unternehmen dieser Branche dürfte weltweit schwer zu finden sein.

Das Ausbildungsangebot der Region ist vielseitig und gipfelt in der Technischen Universität Lappeenranta, deren Einfluss auf die Entwicklung des Wirtschaftslebens sich immer klarer abzeichnet. Süd-Karelien bietet jeglicher Unternehmertätigkeit ein hervorragendes Umfeld, wegen seiner gut ausgebildeten Fachkräfte, aber auch aufgrund anderer Faktoren.

Als Grenzregion nahe am russischen Markt bietet Süd-Karelien internationalen Unternehmen den nächstgelegendsten sicheren Standort in einem westlichen Land. Vielseitige Verbindungen nach Rußland und Erfahrung im Handel mit Rußland sind denn auch besondere Charakteristika der Region, die woanders so nicht zu finden sind.

Lebhafte und freundliche Menschen sowie die karelische Kultur schaffen eine entspannte Atmosphäre, in der Fremde sich sicher wohlfühlen und einleben können.

Süd-Karelien ist eine Region der Zukunft, die Vertrauen in ihre Stärken hat.

*Provinzdirektor
Timo Puttonen*

ДРУЖЕСТВЕННАЯ ЮЖНАЯ КАРЕЛИЯ

Южная Карелия – интересный многоликий край. По природе – это красивейшая часть Финляндии. Озеро Саймаа и река Вуокси – самые известные природные туристические объекты края.

Экономика провинции международна по характеру. Ведущие предприятия лесной промышленности, формирующие основу экономики Южной Карелии, содействовали созданию сети разнообразных видов услуг. Нелегко найти в мире соответствующее сосредоточение предприятий в сфере лесной промышленности.

В провинции имеются многосторонние возможности для получения образования и его высокий уровень обеспечивается Лаппеенрантским технологическим университетом, влияние которого на развитие деловой жизни становится все очевиднее. Из этого следует, что Южная Карелия, благодаря наличию квалифицированной рабочей силы, а также другим факторам, предоставляет прекрасные условия для предпринимательства.

Будучи приграничной провинцией, Южная Карелия предоставляет международным компаниям возможность размещения вблизи от России, предлагая при этом западный уровень услуг и безопасность. Многосторонние связи с Россией и опыт торговли с ней являются особой характерной чертой провинции, что невозможно встретить в других местах.

Карельская культура, а также радушие и дружелюбие людей создают непосредственную атмосферу, в которой приезжающие чувствуют себя спокойно, по-домашнему.

Южная Карелия – уверенная в своих силах провинция с большим будущим.

Глава местного управления
Timo Puttonen

- *1. Lemin kirkonkylä sijaitsee Kivijärven vesistöön kuuluvan Lahnajärven rannalla. 2. Kuuksenenselän rantojen kaunista maaseutumaisemaa. 3. Taikalyhty on kansainvälistä kuuluisuutta saavuttanut vanhojen kirjojen kauppa ja valokuvagalleria. Omistajat Mikko ja Aapo Pekari kokoavat jo heinäkuussa seuraavan kesän näyttelyä. 4. Lemin museo.*

- *1. Lemi kyrkby ligger vid Lahnajärvi sjö som ingår i Kivijärvi vattensystem. 2. Vacker lantlig utsikt vid Kuuksenefjärdens stränder. 3. Taikalyhty -Trollyktan - är antikvariat och bildgalleri som redan vunnit internationellt rykte. Ägarna Mikko och Alpo Pekari förbereder redan i juli nästa sommars utställning. 4. Lemi museum.*

- *1. Lemi village is situated on the lakeside of Lahnajärvi which belongs to the waterway of lake Kivijärvi. 2. The beautiful countryside milieu on the lakeside of Kuuksenenselkä. 3. Taikalyhty is even internationally famous second-hand bookshop and photograph gallery. The owners Mikko and Aapo Pekari are building up the exhibition of next summer already in July. 4. The local history museum in Lemi.*

- *1. Das Kirchdorf von Lemi befindet sich am Ufer des Sees Lahnajärvi, der mit dem See Kivijärvi verbunden ist. 2. Das Ufer des Kuuksen und seine wunderschöne Landschaft. 3. Antiquariat und Fotogalerie "Taikalyhty" hat schon internationale Bekanntheit erlangt. Die Besitzer Mikko ja Aapo Pekari stellen schon im Juli die Ausstellung für den nächsten Sommer zusammen. 4. Das Museum von Lemi.*

- **1.** Церковная деревня Леми расположена на берегу озера ЛахнайКржи водной системы КижийКржи. **2.** Живописный сельский ландшафт на побережье в КууксененселкК. **3.** "Волшебный фонарь" Таикалыхты – это название уже ставших широко известными букинистического магазина и фотогалереи. Владельцы Микко и Аапо Пекари уже в июле готовят следующую летнюю выставку. **4.** Музей в Леми.

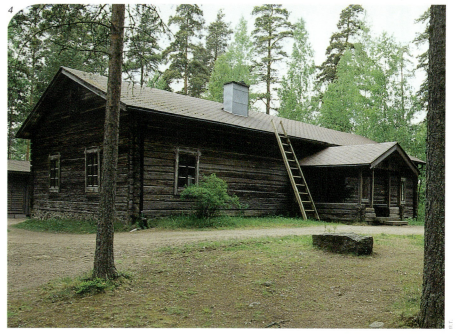

1. Luumäen kunnantalo on uusi ja tyylikäs. 2-3. Luumäen keskustaajama - Taavetti - on saanut nimensä keskustassa sijaitsevan linnoituksen mukaan. Venäläisten 1700-luvun lopulla rakentamaa varustusta kutsuttiin aikanaan nimellä Davidovskaja krepost - Davidin linnoitus.

1. Luumäkis nya stiliga kommunalhus. 2-3. Luumäkis centrala tätort heter Taavetti; namnet kommer från fästningen i centrala Taavetti. Fästningen, som mot slutet av 1700-talet byggdes av ryssarna, hette en gång i tiden Davidovskaja krepost - Davids fästning.

1. The new Luumäki city hall. 2-3. The population centre of Luumäki - Taavetti - is named after the Taavetti Fortress situated in the centre. This fortress built in the 1800th century by the Russians was then called Davidovskaja krepost - the David Fortress.

1. Das neue, moderne Rathaus von Luumäki. 2-3. Der Hauptort der Gemeinde Luumäki, Taavetti, hat seinen Namen von der sich in der Mitte des Ortes befindenden russischen Festung vom Ende des 18. Jahrhunderts. Sie hieß früher Davidovskaja krepost, Davids Festung, auf Finnisch Festung von Taavetti.

1. Новое современное здание муниципалитета Луумяки. 2-3. Центр населенного пункта Луумяки – Таажетти – получил свое название по имени крепости, расположенной в центре поселка. Построенное русскими в конце ЬЖИИИ века укрепление носило тогда название Давыдовская крепость.

1. Toisen maailmansodan ajalta oleva, läpi koko Kaakkois-Suomen kulkevan puolustuslinjan taisteluasemia ja bunkkereita on entisöity Luumäellä matkailunähtävyydeksi. Salpalinjaan kuului myös maanalainen luola, jossa linjan valmistumisaikana asui 500 rakentajaa. **2.** Kivijärvi on suosittua kesämökkialuetta. **3.** Luumäen maisemissa.

1. Stridsposter och bunkrar i befästningslinjen, som gick genom hela Sydöstra Finland under andra världskriget, har i Luumäki renoverats för att kunna visas för besökare. I befästningslinjen ingick också en underjordisk grotta där det under linjens färdigställande bodde cirka 500 byggare. **2.** Kivijärvi är ett populärt fritidshusområde. **3.** Luumäki vyer.

1. The bunkers and battle positions of the fortification line from the 2nd world war reaching over the south-eastern Finland have been renovated to tourist attractions in Luumäki. Salpalinja includes a subterranean cave which housed 500 construction workers at the time of the construction. **2.** Many people have their summer cottages on the lakeside of Kivijärvi. **3.** In the landscape of Luumäki.

1. Die Verteidigungslinie "Salpauslinja" aus dem 2.Weltkrieg zieht sich durch ganz Südost-Finnland. Kampfstationen und Bunker wurden in Luumäki als Touristenattraktionen restauriert. Dazu gehört auch eine unterirdische Höhle, in der während der Bauzeit 500 Arbeiter wohnten. **2.** Der See Kivijärvi ist beliebt für Sommerhäuser. **3.** Die Landschaft von Luumäki.

1. Линии обороны с боевыми позициями и бункерами времен второй мировой войны, пронизавшие всю ´го-Восточную Финляндию, были отреставрированы для посещения туристами. Здесь же находился и подземный грот, в котором во время строительных работ на линиях обороны жили 500 строителей. **2.** Берега озера КижийКржи – популярное дачное место. **3.** Пейзаж в Луумяки.

3

1. Lemin arvokkaassa kirkossa järjestetään osa Lemi - Lappeenranta musiikkijuhlien konserteista. **2-3.** Lemi - Lappeenranta musiikkijuhlien konserttien liput myydään viimeistä paikkaa myöten. **4.** Juhlien taiteellisena johtaja viulisti, professori Mi-kyung Lee.

1. I Lemi stämningsfulla kyrka arrangeras en del av konserterna under musikfestivalen. **2.-3.** Konsertbiljetterna under Lemi-Villmanstrand musikfestivalen går åt till sista plats. **4.** Professor, violinist Mi-kyung Lee är konstnärlig ledare för musikfestivalen.

1. Some of the concerts of Lemi - Lappeenranta music festival are arranged in the Lemi church. **2-3.** Lemi - Lappeenranta Music Festival concerts are sold out. **4.** The artistic director of the music festival, violinist and professor Mi-kyung Lee.

1. Ein Teil der Konzerte des Lemi-Lappeenranta Musikfestivals finden in der alten Holzkirche von Lemi statt. **2-3.** Die Konzerte des Lemi-Lappeenranta Musikfestivals sind bis zum letzten Platz ausverkauft. **4.** Die künstlerische Leiterin des Festivals, Professorin Mi-kyung Lee.

1. В церкви Леми проходит часть концертов музыкального праздника Леми–Лаппеенранта. **2-3.** Концерты музыкального праздника Леми–Лаппеенранта всегда проходят при полном аншлаге. **4.** Художественный руководитель музыкального праздника – скрипач, профессор Ми-Кьюнг Ли.

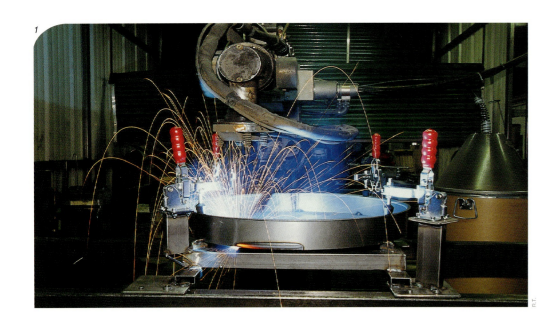 

- **1.** Te-Pa Medical Oy valmistaa sairaalakalusteita ja kuntolaitteita. **2.** Maan kuulut Misa -kiukaat ovat lemiläistä tuotantoa. **3.** Lemin särä on Hyvää Syötävää; uunissa hyvin kypsytettyä puukaukaloon ladottua lammasta ja perunoita rieskan kera. **4-5.** Suomen entisen presidentin P.E.Svinhufvudin koti oli Luumäellä Kotkaniemessä. Nykyisin rakennus on Svinhufvud-kotimuseona.

- **1.** Te-Pa Medical Oy tillverkar sjukhusinredningar och motionsredskap. **2.** De välkända Misa bastuugnarna tillverkas i Lemi. **3.** "Särä" är en typisk maträtt i Lemi - Mycket Gott; ugnsbakat lamm och potatis i träkärl, avnjutes med "rieska" bröd. **4-5.** Finlands förre president P.E.Svinhufvud hade sitt barndomshem i Kotkaniemi, Luumäki. Byggnaden är nu Svinhufvuds hemmamuseum.

- **1.** Te-Pa Medical Oy manufactures hospital fittings. **2.** Famous Misa sauna stoves are manufactured in Lemi. **3.** Lemi's särä is a traditional dish, a local pot roast of potatoes and mutton cooked in a log, wooden trough, served with unleavened bread. **4-5.** The home of the former president of Finland, P.E. Svinhufvud, is situated in Kotkaniemi in Luumäki. Nowadays the building serves as Svinhufvud home museum.

- **1.** Die Firma Te-Pa Medical Oy stellt Möbel für Krankenhäuser und Fitnessgeräte her. **2.** Die landesbekannten Saunaöfen der Firma Misa werden in Lemi hergestellt. **3.** "Lemin särä" ist ein regionaler Leckerbissen. Das in einem großen Backofen in Holzschalen gut gegarte Hammelfleisch wird mit Kartoffeln und Fladenbrot serviert. **4-5.** Das Haus des ehemaligen finnischen Präsidenten P.E.Svinhufvud liegt auf der Halbinsel Kotkaniemi in der Gemeinde Luumäki. Das Haus ist heute das Svinhufvud-Heimatmuseum

- **1.** Медицинское АО Те-Па Медицал Оы готовит специальное оборудование для больниц и фитнес-центров. **2.** Известная в стране каменка Миса -киукаат выпускается в Леми. **3.** "Лемин сяря" - местное аппетитное блюдо, приготовленное из баранины, зажаренной в деревянном лотке, и подаваемое с картофелем и пресным хлебом. **4-5.** Дом бывшего президента Финляндии П.Э.Свинхуфвуда находится в Котканиеми в Луумяки. Сейчас это здание – дом-музей президента П.Э.Свинхуфвуда.

- **1-2.** Salpasafarit Oy järjestää elämysmatkoja.
  3-4. Ansari Yhtymän loisteliaat pelargoniat.

- **1-2.** Salpasafarit Oy arrangerar upplevelseresor.
  3-4. Ansari koncernens praktfulla pelargonior.

- **1-2.** Salpasafarit Oy arranges extraordinary safaris and trips.
  3-4. The beautiful geraniums of Ansari Yhtymä.

- **1-2.** Die Firma Salpasafarit Oy organisiert Erlebnisreisen
  3-4. Die herrlichen Pelargonien der Gärtnerei Ansari.

- **1-2.** Экскурсии, организуемые АО Салпасафарит Оы, всегда увлекательны.
  3-4. Превосходные пеларгонии Ансари ́хтюма.

● *1-2.* Kärnäkosken linnoitus rakennettiin vuonna 1791 suojaamaan venäläisten Saimaan laivastoa ja tieyhteyttä Lappeenrannasta Ristiinaan. *3-4.* Kirkasvetinen Kuolimo laskee Partakosken kautta Saimaaseen. Kosken suulla on mm. majoitus- ja ravintolapalveluja sekä vierasvenesatama. *5-6.* Olkkolan hovin historia ulottuu 1600-luvulle. Vajaa sata vuotta vanha päärakennus toimii nykyisin ravintolana.

● *1-2.* Kärnäkoski fästning byggdes 1791 till skydd för ryska Saimen-flottan och vägförbindelsen mellan Villmanstrand och Ristiina. *3-4.* Sjön Kuolimo som har ovanligt klart vatten, rinner via Partakoski ut i Saimen. Vid forsens mynning finns en gästhamn. Inkvarterings- och restaurangservice erbjuds också. *5-6.* Olkkola hovs historia sträcker sig ända till 1600-talet. Huvudbyggnaden, som är snart hundra år gammal, inrymmer idag en restaurang.

● *1-2.* Kärnäkoski fortress was built in 1791 to protect the Russian Saimaa navy and the road connection from Lappeenranta to Ristiina. *3-4.* The clear lake Kuolimojärvi is connected via Partakoski rapids with the lake Saimaa. In Partakoski there are accomodation and restaurant services and a port for boat travellers. *5-6.* The history of Olkkolan hovi manor reaches till the 17th century. The almost hundred years old main bulding is now a restaurant.

● *1-2.* Die Festungsanlage von Kärnäkoski wurde 1791 gebaut, um die russische Flotte auf dem Saimaa und die Straßenverbindung von Lappeenranta nach Ristiina zu beschützen. *3-4.* Der See Kuolimo mit seinem klaren Wasser fließt über die Stromschnelle Partakoski in den Saimaa-See ab. Am unteren Ende der Stromschnellen gibt es ua. Übernachtungs-möglichkeiten, ein Restaurant und einen Gästehafen. *5-6.* Die Geschichte des Gutshofes Olkkola reicht bis ins 17. Jahrhundert zurück. Im knapp 100 Jahre alten Hauptgebäude ist heute ein Restaurant.

● *1-2.* Крепость ККрнКкоски была построена в 1791 году в целях защиты русского флота на озере Саймаа и дорожной связи из Лаппеенранта в Ристиина. *3-4.* Прозрачная вода озера Куолимо впадает в Саймаа через порог Партакоски. Здесь имеются места для размещения, ресторан, а также гостевой порт. *5-6.* История усадьбы Олккола начинается в ЬЖИИ веке. В построенном примерно 100 лет назад главном здании усадьбы сейчас работает ресторан.

1. Lyytikkälän talo on 1800-luvun eteläkarjalainen suuri talonpoikaistalo, joka navetoineen ja muine rakennuksineen on viimeistä piirtoa myöten entisöity. 2. Maisemiltaan yksi maakunnan kauneimmista teistä - Maitotieksi kutsuttu - polveilee vesistön rantaa seuraillen Kauriansalmelta länteen. 3. Kauriansalmelta avautuu Kuolimolle maakunnan kaunein tiemaisema.

1. Lyytikkälä gård är en stor sydkarelsk bondgård från 1800-talet; idag är både dess ladugård och andra byggnader återställda till minsta detalj. 2. En av landskapets vackraste landsvägar, kallad Maitotie - Mjölkvägen, slingrar sig längs stranden västerut från Kauriansalmi. 3. Från Kauriansalmi mot Kuolimo-sjön öppnar sig landskapets vackraste väg.

1. Lyytikkälä house is a great south Karelian rustic house from the 19th century which has been renovated very thoroughly, along with the cowhouse and other buildings. 2. One of the most beautiful roads in the province - Maitotie - meanders along the lakeside from Kauriansalmi into west. 3. The view from Kauriansalmi into lake Kuolimo is the most beautiful on the roads of the province.

1. Lyytikkälä ist ein typisch süd-karelischer Groß-Bauernhof aus dem 19. Jahrhundert, der mit allen Nebengebäuden bis ins kleinste Detail restauriert wurde. 2. Landschaftlich eine der schönsten Straßen der Provinz ist die sogenannte Milchstraße. Sie schlängelt sich von Kauriansalmi am Ufer entlang westlich. 3. Von Kauriansalmi aus öffnet sich Richtung Kuolimo-See die schönste Straßenlandschaft der Provinz.

1. ЛыытиккКлК представляет собой типичный крестьянский дом ЬИЬ века. Сейчас дом, коровник и другие постройки тщательно отреставрированы. 2. Одна из красивейших дорог провинции, называемая Молочной дорогой –Маитотие, ведет вдоль береговой линии из Кауриансалми на запад. 3. Из Кауриансалми в сторону озера Куолимо открывается самый великолепный вид провинции.

⬤ *1-2. Taipalsaaren Upea kunnantalo on arvoisellaan paikalla rantamaisemassa. 3. Saimaan eteläisimmät norppa-alueet ovat Taipalsaarella. 4. Röytyn talo on toiminut kestikievarina vielä 1930-luvulla. Nykyisin se on kunnostettu museoksi.*

⬤ *1-2. Det ståtliga kommunalhuset står på en värdig plats i strandlandskapet. 3. Saimens sydligaste områden vikare finns i Taipalsaari. 4. Röytty hus var gästgiveri ännu på 1930-talet. I dag är huset renoverat till museum.*

⬤ *1-2. The grand city hall is situated nicely in the lakeside landscape. 3. Taipalsaari is the southest area on lake Saimaa where ringed seals can be seen. 4. Röytty house was an inn still in the 1930s. Now it has been renovated into a museum.*

⬤ *1-2. Das stattliche Rathaus befindet sich an einer würdigen Stelle in Ufernähe. 3. Die südlichsten Lebensgebiete der Saimaa-Robbe befinden sich in Taipalsaari. 4. Das Röyty-Haus war noch in den 30-iger Jahren ein Gasthof. Es wurde renoviert und ist heute ein Museum.*

⬤ **1-2.** Великолепное здание муниципалитета среди прекрасного приозерного ландшафта. **3.** Самые южные места озера Саймаа, где встречаются нерпы, находятся в Тайпалсаари.
4. Сейчас в отреставрированном доме РЪытты, служившем постоялым двором в 1930-х годах, расположен музей.

- **1.** Auringonlasku Rastinvirrassa Suur-Saimaalla. **2-3.** Ylämaan Graniitti Oy on pitkän linjan kivialan yritys, joka valmistaa omasta louhoksesta saatavasta kivestä sisustusmateriaaleja.

- **1.** Solnedgång på Stor-Saimens Rastiström. **2-3.** Ylämaan Graniitti Oy som har långa traditioner inom stenindustri, bryter sten ur eget stenbrott för att tillverka inredningsmaterial.

- **1.** Sunset in Rastinvirta on lake Suur-Saimaa. **2-3.** Ylämaan Graniitti Oy refines the stone of its own quarries into decoration materials.

- **1.** Sonnenuntergang am großen Saimaa. **2-3.** Die Firma Ylämaan Graniitti Oy ist ein schon lange in der Steinbearbeitung tätiges Unternehmen, das Steine aus eigenem Steinbruch zu Materialien für Inneneinrichtungen verarbeitet.

- **1.** Закат в Растинжирта на озере Суур-Саимаа. **2-3.** АО ЫлКмаан Граниитти Оы изготовляет из камня, добытого на своем карьере, материалы для отделки интерьеров.

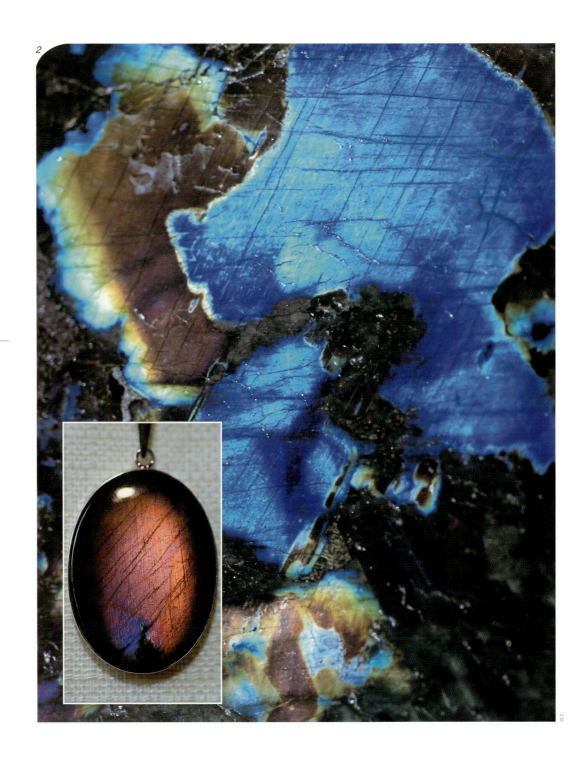

- *1. Ylämaa on kiviteollisuuspitäjä. Yli 30 yritystä jalostaa alueen kallioperää mitä moninaisimpiin tarkoituksiin, mm. koruiksi ja rakennuskiveksi. **2-3.** Spektroliittia.*

- *1. Ylämaa socken präglas starkt av stenindustrin. Mer än 30 företag exploaterar berggrunden och förädlar den till mest skilda ändamål, bl.a. till smycken och byggnadssten. **2-3.** Spektrolit.*

- *1. Ylämaa lives from the stone industry. More than 30 companies are refining the bedrock of the area for various purposes, for example for jewellery and construction industries. **2-3.** Spektrolite*

- *2-3. Ylämaa ist eine Gemeinde der Stein-Industrie. Mehr als 30 Unternehmen veredeln die Steinvorkommen der Gegend zu vielseitigen Erzeugnissen wie z.B. Schmuck und Bausteine. **2-3.** Spektrolit*

- *1. Л Поселок ́лямаа известен как центр камнеобрабатывающей промышленности. Более 30 предприятий обрабатывают местные кристаллические породы для различных целей, например, для строительных работ и изготовления ювелирных изделий.*
***2-3.** Спектролит.*

- *1-2. Suomenniemen kirkko sijaitsee kauniilla paikalla peltojen keskellä. 3. Kuolimo on yksi maan kirkasvetisimmistä järvistä.*

- *1-2. Suomenniemi kyrka är vackert belägen, omgiven av åkrar. 3. Vattnet i Kuolimo sjö är klarare än i landets flesta andra insjöar.*

- *1-2. Suomenniemi church is situated beautifully in the middle of fields. 3. Lake Kuolimo is one of the clearest lakes in Finland.*

- *1-2. Die Kirche von Suomenniemi ist wunderschön gelegen, von Feldern umgeben. 3. Kuolimo ist einer der klarsten Seen in Finnland.*

- **1-2.** Церковь Суоменниеми расположена в красивом месте среди полей. **3.** Озеро Куолимо – одно из самых прозрачных озер Финляндии.

1. Suomijärvi tarjoaa mahdollisuuden leirintään ja melontaan. **2.** Taipalsaaren kirkonkylä sijaitsee suojaisessa poukamassa Pien-Saimaan rannalla. **3.** Keskellä Suur-Saimaata sijaitseva Kyläniemen kärki eli Rastinniemi on osa toista Salpausselkää. **4.** Taipalsaari on ollut oma seurakuntansa jo 1500-luvulla. **5.** Monet Lappeenrannassa työssä käyvät asuvat Taipalsaarella tasokkaasti järven rannalla. Kuvassa Nuutti Vartiaisen talo.

1. Sjön Suomijärvi ger goda möjligheter till camping och paddling. **2.** Taipalsaari kyrkby ligger i en skyddad bukt vid Lill-Saimen. **3.** Mitt i Stor-Saimen belägna Kyläniemi spets som heter Rastinniemi är en del av andra Salpausselkä ås. **4.** Taipalsaari var en självständig församling redan på 1500-talet. **5.** Flera taipalsaaribor arbetar i Villmanstrand men har fint boende vid sjön i Taipalsaari. Bilden visar Nuutti Vartiainens hus.

1. Lake Suomijärvi offers possibilities to camp and canoe. **2.** Taipalsaari village is located by a sheltered bay on the lakeside of Pien-Saimaa. **3.** The cape Kyläniemen kärki, or Rastinniemi, situated in the middle of the lake Suur-Saimaa is part of the second Salpausselkä. **4.** Taipalsaari has been a parish since the 16th century. **5.** Many people work in Lappeenranta but live in Taipalsaari luxuriously on the lakeside. Picture shows the house of Mr Nuutti Vartiainen.

1. Am Suomijärvi-See kann man wunderschön zelten und paddeln. **2.** Das Kirchdorf der Gemeinde Taipalsaari liegt in einer geschützten Bucht am Ufer des kleinen Saimaa. **3.** Rastinniemi liegt am Ende der langen Halbinsel Kyläniemi als Teil einer langen Endmoräne mitten in der riesigen Wasserlandschaft des Saimaa-Sees. **4.** Taipalsaari war schon im 16. Jahrhundert ein eigenständiges Kirchspiel. **5.** Viele Menschen arbeiten in Lappeenranta und wohnen in Taipalsaari stilvoll am Seeufer. Hier das Haus von Nuutti Vartiainen.

1. Озеро СуомийКржи предлагает много возможностей для активного отдыха: от разнообразных походов до гребли на байдарке. **2.** Деревня Тайпалсаари находится на защищенном от ветра берегу озера Пиен-Саимаа. **3.** В центре озера Суур-Саимаа располагается мыс КылКниеми, называемый еще Растинниеми и представляющий собой часть гряды СалпаусселкК. **4.** Тайпалсаари имеет свой церковный приход с ЬЖИ века. **5.** Многие работающие в Лаппеенранта живут в Тайпалсаари в замечательных домах на живописных берегах озера. На снимке: дом Нуутти Вартиайнена.

- *1. Talven kahleet murtuvat Saimaan selillä huhti-toukokuun vaihteessa. 2. Joutsenkosken mylly käyttää Urpalanjoen vesivoimaa.*

- *1. Isarna på Saimens fjärder brister vid månadsskiftet april-maj. 2. Joutsenkoski kvarn drivs på vattenkraft från Urpalaån.*

- *1. The bonds of winter are broken on the lake Saimaa at the end of April or in the beginning of May. 2. Joutsenkoski flour mill uses the waterpower of river Urpalanjoki.*

- *1. Die Fesseln des Winters brechen auf den Wassern des Saimaa-Sees Ende April/Anfang Mai. 2. Die Mühle am Joutsenkoski nutzt die Wasserkraft des Urpalanjoki-Flusses.*

- *1. В апреле-мае зима на озере Саймаа заканчивается. 2. Мельница в Йоутсенкоски работает на энергии воды реки Урпаланйоки.*

1. Ylämaan kivikylässä järjestetään vuosittain jalokivimessut, joille osallistuu alan ammattilaisia ja harrastajia ympäri maailmaa.
2. Ylämaan luonnolle tyypillinen, Laatokkaan laskevan vesistön latvaosan, metsiä halkova pikkupuro.

1. I Ylämaa stenby arrangeras årligen en ädelstensmässa, dit både fackfolk och amatörer kommer från hela världen. 2. För Ylämaa natur typisk bäck, ingår i övre delen av vattendrag som senare rinner ut i Ladoga.

1. In the Gem Village in Ylämaa, a Gem Fair is organised annually where both gem professionals and non-professionals from all over the world meet. 2. A little brook of the upper parts of the watersystem, which empties into the lake Ladoga, flowing through the forests, typically to the nature in Ylämaa.

1. Im Steindorf von Ylämaa findet jährlich die Edelsteinmesse statt, an der Fachleute und Sammler aus aller Welt teilnehmen.
2. Typisch für die Landschaft in Ylämaa ist dieser kleine, durch Waldlandschaft fliessende Bach, der in den Ladoga-See mündet.

1. В "деревне драгоценных камней" в 'лямаа ежегодно проходят ярмарки драгоценных камней, в которых участвуют ювелиры-профессионалы и любители со всего мира. 2. Типичный пейзаж района 'лямаа: протекающий через леса ручеек в верхней части водной системы, впадающей в Ладогу.

1. Vuonna 1913 silloiselle Pohjoismaiden Osakepankille rakennettu talo on Lappeenrannan arkkitehtuurin helmi. Nykyisin talossa toimii Nordea pankki. *2.* 1.1.2001. *3-4.* Myllysaaren uimarannalla riittää väkeä. Eikä ihme, olihan Lappeenranta esimerkiksi kesällä 2001 Suomen helteisin paikkakunta.

1. Den arkitektoniska pärlan i Villmanstrands centrum är Nordeas bankfastighet. Den byggdes år 1913 för den dåvarande Nordiska Andelsbanken (Pohjoismaiden Osakepankki). *2.* 1.1.2001. *3-4.* Det finns gott om badgäster på Myllysaari bad. Undra på det, när Villmanstrand på sommaren 2001 var Finlands varmaste ställe.

1. The jewel of the Lappeenranta city architecture is the bank building of Nordea bank. It was built in 1913 for Pohjoismaiden Osakepankki. *2.* 1.1.2001. *3-4.* People gather to the beach of Myllysaari. No wonder - Lappeenranta was for example in summer 2001 the sultriest city in Finland.

1. Eine Perle in der Architektur des Stadtkerns von Lappeenranta ist das Gebäude der Nordea-Bank. Es wurde 1913 für den Vorgänger der heutigen Bank. *2.* 1.1.2001. *3-4.* Am Strand von Myllysaari ist immer etwas los. Kein Wunder eigentlich, denn Lappeenranta war im Sommer 2001 der Ort mit den höchsten Temperaturen in Finnland.

1. Жемчужиной архитектуры центра города Лаппеенранта является здание банка Нордеа панкки. Оно было построено для банка Похйоисмаиден Осакепанкки в 1913 году. *2.* 1.1.2001. *3-4.* Пляж в Мылльсаари всегда заполнен людьми. И это неудивительно, так как, например, летом 2001 года Лаппеенранта была самым жарким местом в Финляндии.

- *1. Etelä-Karjalan ammattikorkeakoulun koulutusaloina ovat kulttuuri, liiketalous, matkailu- ja ravitsemispalvelut, sosiaali- ja terveysala sekä tekniikka. Koulutusyksiköt sijaitsevat Imatralla ja Lappeenrannassa. 2. Ryhmätyöt ja vuorovaikutustaidot kuuluvat myös opetettaviin asioihin. 3-4. Etelä-Karjalan ammattikorkeakoulun tekniikan koulutusalalla sovelletaan alan uusinta tieto- ja laboratoriotekniikkaa. Opintoja voi suorittaa myös englannin kielellä.*

- *1. Sydkarelens yrkeshögskola ger utbildning inom kultur, turism och restaurangservice, social- och hälsovård samt teknik. Utbildningsenheterna finns i Imatra och Villmanstrand. 2. Grupparbeten och färdigheter i interaktiv kommunikation är också ett utbildningsområde. 3-4. Inom teknikutbildning på Sydkarelens yrkeshögskola tillämpas den nyaste informations- och laboratorietekniken. Studierna kan också genomgås på engelska.*

- *1. The fields of study in South Carelia Polytechnic are Fine Arts and Design, Business Economics, Tourism and Hospitality, Health Care and Social Welfare, and Technology. The education units are located in Imatra and Lappeenranta. 2. Teamwork and communication skills are trained, too. 3-4. The technology field of South Carelia Polytechnic applies the latest information and laboratory technology. It is also possible to study in English.*

- *1. Die Fachhochschule von Süd-Karelien befindet sich in Imatra und Lappeenranta und bietet Studiengänge in den Fachbereichen Kultur, Betriebswirtschaft, Tourismus, Hotel- und Restaurantfach, Soziales und Gesundheit sowie Technik. 2. Teamgeist und soziale Kompetenz gehören auch zum Lehrplan. 3-4. Im Bereich Technik der Fachhochschule von Süd-Karelien wird mit modernster Daten- und Labortechnik gearbeitet. Einige Studiengänge können auch in englischer Sprache absolviert werden.*

- *1. В ́жно-Карельском Политехнике можно изучать изобразительное искусство и дизайн, бизнес и администрирование, туризм и гостиничное хозяйство, здравоохранение и социальную работу, технологию. Отделения Политехника расположены в Иматра и в Лаппеенранта. 2. Коммуникационные навыки и работа в коллективе также входят в сферу обучения. 3-4. Отделение технологии ́жно-Карельского Политехника применяет новейшую информационно-вычислительную и лабораторную технологию. Обучение проводится также и на английском языке.*

1. Eliittikisoihin kuuluva Karelia Games kerää kerran kesässä urheilun huippuja kotimaasta ja kauempaakin Kimpisen siniselle radalle. 2. Kenialaiset juoksijat vauhdissa. 3. Olympiakullan arvosta kuulaa pukannut Arsi Harju keskittyy.

1. Elittävlingen Karelia Games samlar varje sommar finländska och även utländska toppnamn inom friidrotten till de blåa banorna på Kimpinens idrottsplats. 2. Kenyanska löpare i farten. 3. Olympiske guldmedaljören Arsi Harju koncentrerar sig inför kulstötningstävling.

1. Karelia Games gather top sportlers from both Finland and abroad to the blue track of Kimpinen once a summer. 2. Kenyan runners in full swing. 3. Olympic winner Arsi Harju concentrates on the shot put.

1. Der zu den größeren Sportveranstaltungen gehörende Leichtathletik-Wettkampf "Karelia Games" versammelt im Sommer die Spitzen dieses Sports aus dem In- und Ausland auf der blauen Bahn von Kimpinen. 2. Die Läufer aus Kenia sind richtig in Schwung. 3. Der Olympiagewinner Arsi Harju konzentriert sich auf den nächsten Stoß.

1. Соревнования Карелиа Гамес каждое лето собирают на спортивной площадке Кимппинен лучших отечественных и зарубежных спортсменов. 2. Бегуны из Кении на дистанции. 3. Арси Харью, чемпион Олимпийских Игр, толкает ядро.

1. Kaukas aloitti toimintansa lankarullien valmistajana v. 1873. Rullanvalmistajien jälkeläisiä on yhä Kaukaan palveluksessa jopa kuudennessa polvessa. Vuonna 1900 rakennetussa entisessä rullatehtaassa toimii nyt Kaukaan tehdasmuseo. 2. Kaukaan paperitehdas käyttää oman sellutehtaan valmistamaa räätälöityä sellua valmistaessaan huippulaatuisia aikakauslehtipapereita yli 50 maahan. 3. UPM-Kymmene Oyj:n Kaukaan tehdasintegraatissa puuraaka-aine ja tuotettu energia käytetään tehokkaasti hyväksi. 2400 ammattilaista valmistaa sellua, puukemikaaleja, paperia, sahatavaraa ja vaneria ympäristöä kunnioittaen.

1. Kaukas verksamhet började 1873 med tillverkning av trådrullar. Ättlingar till trådrulletillverkare ända till sjätte generation arbetar fortfarande inom Kaukas. Den forna rullfabriken som byggdes år 1900 inrymmer nu Kaukas fabriks-museum. 2. Kaukas pappersfabrik tillverkar tidskriftspapper av toppkvalitet, baserat på skräddarsydd cellulosa producerad i egen fabrik. Tidskriftspapper exporteras till mer än 50 länder. 3. Inom UPM-Kymmene AB(p) Kaukas fabriksintegrat utnyttjas trävaran och den producerade energin effektivt. 2400 skickliga arbetare tillverkar cellulosa, träkemikalier, papper, sågade trävaror och plywood med största hänsyn till miljön.

1. Kaukas began as a producer of bobbins in 1873. Even sixth generation descendants of the bobbin producers still work for Kaukas. The former bobbin factory which was built in 1900 now serves as the Kaukas factory museum. 2. Kaukas paper mill uses the tailor-made pulp of its own pulp mill when producing high-quality coated fine papers for over 50 countries. 3. In UPM-Kymmene Kaukas mill integrate both the raw material - wood - and the produced energy are utilised effectively. 2400 professionals manufacture pulp, wood chemicals, paper, sawn timber and plywood respecting the environment.

1. Kaukas begann 1873 mit der Fabrikation von Garnrollen. Die Nachfahren der damaligen Fabrikarbeiter arbeiten noch heute für die Firma, teilweise in der sechsten Generation. In der 1900 gebauten ehemaligen Rollenfabrik ist heute das Fabrikmuseum von Kaukas untergebracht. 2. Die Papierfabrik von Kaukas verwendet die in der eigenen Fabrik hergestellte Zellulose für die Fertigung hochqualitativer Zeitschriftenpapiere für Abnehmer in über 50 Ländern. 3. In der zur UPM-Kymmene AG gehörenden Fabrik Kaukas werden der Rohstoff Holz und die erzeugte Energie effektiv genutzt. 2400 Facharbeiter produzieren Zellulose, Holzchemikalien, Papier sowie Schnitt- und Sperrholz unter besonderer Berücksichtigung der Umwelt.

1. Заводской комплекс Каукас начал производство катушек для ниток в 1873 году. Потомки рабочих, изготовлявших тогда катушки, работают здесь и сейчас. В помещении построенной в 1900 году катушечной фабрики теперь действует музей Каукас. 2. Бумажный завод комплекса Каукас при производстве высококачественной газетной бумаги использует изготовленную на заводе целлюлозу. Газетная бумага экспортируется в более 50 стран мира. 3. Заводской комплекс Каукас АО УПМ-Кюммене Оы эффективно использует как древесное сырье, так и полученную в ходе производственных процессов энергию. 2400 высококвалифицированных специалистов выпускают целлюлозу, химикаты, бумагу, пиломатериалы и фанеру с учетом экологических факторов.

● 1. Kaukaan saha tunnetaan korkealaatuisesta mäntysahatavarastaan. Se on yksi Euroopan suurimpia sahoja. 2. Kaukaan vaneritehtaan tuotannosta suuri osa jatkojalostetaan esim. asennusvalmiiksi komponenteiksi kuljetusvälineteollisuudelle. 3-5. EU:n itärajaa valvotaan tehokkaasti.

● 1. Kaukas sågverk är ett av Europas största och är mest känt för sina högklassiga sågade trävaror av furu. 2. En stor del av plywoodfabrikens produktion vidareförädlas, t.ex. till monteringsfärdiga komponenter för transportmedelsindustrin. 3-5. EU:s östra gräns bevakas noggrant.

● 1. Kaukas saw mill is known of its high-quality sawn pine timber. It is one of the biggest saw mills in Europe. 2. Great deal of the Kaukas plywood mill production is upgraded for example into finished components for transport vehicle industries. 3-5. The EU eastern border is guarded effectively.

● 1. Das Sägewerk von Kaukas ist eines der größten in Europa und bekannt für sein hochqualitatives Kiefern-Schnittholz. 2. Die Produkte der Sperrholzfabrik von Kaukas werden zum größten Teil weiter verarbeitet z.B. zu einbaufertigen Komponenten in der Transportmittelindustrie. 3-5. Die Ostgrenze der EU wird gewissenhaft bewacht.

● 1. Один из самых крупных в Европе лесопильных заводов Каукас известен своим сосновым лесопильным материалом высокого качества. 2. Большая часть продукции цеха по производству фанеры используется дляизготовления монтажных компонентов транспортных средств. 3-5. Восточная граница ЕС находится под строгим контролем.

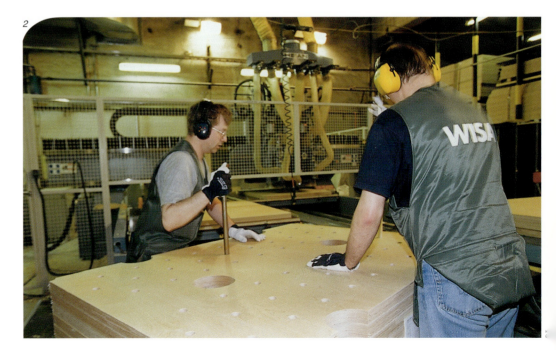

1-2. Saimaan viestintäkeskuksessa toimivat Etelä-Saimaa -lehden toimitus ja lehden moderni painolaitos sekä monet muut viestintäalan yritykset. 3. Lappeenrannan ja Helsingin välillä lentää useita vuoroja päivässä. 4. Lappeenrannan kansainvälisessä ilmailutapahtumassa vuonna 1999 vieraili mm. maailmankuulu englantilainen Red Arrows taitolentoryhmä. 5. Julkisen liikenteen solmukohtaan, Lappeenrannan matkakeskukseen, on keskitetty linja-auto- ja raideliikenne sekä niiden oheistoimintojen palvelut.

1-2. Inom Saima kommunikationscentrum finns tidningen Etelä-Saimaas redaktion och moderna tryckeri samt flera andra företag inom kommunikationsbranschen. 3. Mellan Villmanstrand och Helsingfors går dagligen flera flygturer. 4. Villmanstrands internationella flyguppvisning 1999 besöktes bl.a. av den världsberömda engelska konstflygningsgruppen Red Arrows. 5. Lappeenrannan matkakeskus, Villmanstrands resecentrum, är både knutpunkt för allmänna kommunikationsmedel och centrum för tillhörande tjänster.

1-2. The editorial staff and the modern press of the newspaper Etelä-Saimaa and many other companies in the communications business operate in Saimaan Viestintäkeskus. 3. There are several flights between Lappeenranta and Helsinki a day. 4. Among the stars in the Lappeenranta international Air Show in 1999 were for example the world-famous english Red Arrows aerobatic team. 5. Matkakeskus is the junction of the public transportation in Lappeenranta, combining both the bus and rail transportation and related services.

1-2. Im Saimaa-Zentrum für Kommunikation befinden sich die Redaktion und die moderne Druckerei der Zeitung Etelä-Saimaa sowie viele andere Firmen des Kommunikationsbereichs. 3. Zwischen Lappeenranta und Helsinki gibt es täglich mehrere Verbindungen. 4. Bei der internationalen Flugshow in Lappeenranta im Jahre 1999 war ua. die weltberühmte englische Kunstfliegerstaffel „Red Arrows" zu sehen. 5. Im Knotenpunkt der öffentlichen Verkehrsmittel, dem Reisezentrum von Lappeenranta, sind Bus- und Bahnverkehr sowie begleitende Dienstleistungen konzentriert.

1-2. В центре коммуникации Саимаан жиестинтKкескус расположены редакция и типография газеты ЕтелК–Саимаа, а также многие другие предприятия в сфере коммуникации. 3. Между Лаппеенранта и Хельсинки ежедневно совершается несколько пассажирских рейсов самолета. 4. В 1999 году в Лаппеенранта в авиационном шоу принимала участие группа английских самолетов Ред Арровс. 5. Центр транспортного сообщения Лаппеенраннан маткакескус предоставляет услуги клиентам и осуществляет координацию движения автобусного и железнодорожного транспорта.

3

4

5

- *1-2. Rakuunamäen rakennuksia kunnostetaan mm. Maasotakoulun tilatarpeita varten. Kuvassa Oikeustalo sisältä ja ulkoa. 3. Lappeenrannan teknillinen korkeakoulu tutkii ja opettaa. Se on yksi maakunnan kehityksen tärkeimmistä vetureista. 4. Mittaustekniikan laboratorio 5. Opetusta LTKK:ssa saa energiatekniikassa, kemiantekniikassa, konetekniikassa, sähkötekniikassa tietotekniikassa, tuotantotaloudessa, ympäristötekniikassa sekä kauppatieteissä.*

- *1-2. Byggnader på Rakuunamäki rustas upp för bl.a Marksstridsskolans utrymmesbehov. I bilden Rättsbyggnaden utifrån och inifrån. 3. Villmanstrands Tekniska Högskola LTKK forskar och undervisar. LTKK är en av de viktigaste drivkrafterna i landskapets utveckling. 4. Mättekniska laboratoriet 5. Inom LTKK - Villmanstrands Tekniska Högskola ges undervisning inom energiteknik, kemi, maskinteknik, elteknik och IT, produktionsekonomi, miljöteknik samt handel och ekonomi.*

- *1-2. The buildings at Rakuunamäki are being renovated among others for the needs of space for the Army Academy. The picture shows the exterior and interior of the courthouse. 3. Lappeenranta university of technology conducts research and education. It is one of the most important factors in the provincial development. 4. Laboratory of measurement technology 5. LUT provides education in energy technology, chemical technology, mechanical engineering, electrical engineering, information technology, industrial engineering and management, environmental engineering, and business administration.*

- *1-2. Gebäude auf der Rakuunamäki werden renoviert unter anderem für die Raumerfordernisse der Heeresschule. Im Bild das Gerichtsgebäude draussen und drinnen. 3. An der technischen Hochschule von Lappeenranta wird geforscht und gelehrt. Sie ist eines der für die Entwicklung der Provinz wichtigsten Zugpferde. 4. Das Labor für Messtechnik 5. An der Technischen Hochschule Lappeenranta können folgende Fächer studiert werden: Energietechnik, Chemietechnik, Maschinenbau, Elektrotechnik, Informationstechnik, Wirtschaftsingenieurwesen, Umwelttechnik und Wirtschaftswissenschaften.*

- *1-2. Здания Ракуунамяки ремонтируются между прочим заинмаемого обёма Военной Академии сухопутных силах. На симке здание уедного суда Оикеустало снаружи и изнутри. 3. Лаппеенрантский технологический университет проводит как научные исследования, так и обучение студентов. Это один из важнейших центров провинции, содействующий развитию региона. 4. Лаборатория измерительной техники. 5. В технологическом университете можно обучаться на энергетическом, химическом, машиностроительном, электро-инженерном, инженерно-экономическом, а также на факультетах информационной технологии, инженерной защиты окружающей среды и бизнес администрирования.*

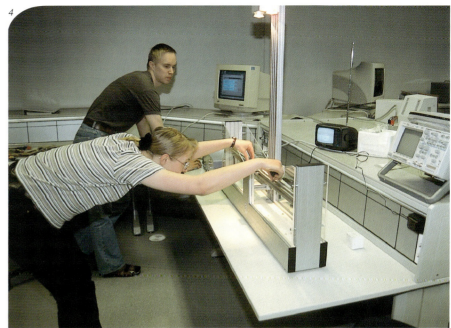

1. Rehtori Markku Lukka esittelee korkeakoulun uusimpia tiloja presidentti Tarja Haloselle ja valiokuntaneuvos Pentti Arajärvelle keväällä 2001. 2. Eri maiden tutkijat kohtaavat lukuisissa kansainvälisissä seminaareissa. 3. Hitsauksen huippuosaaminen löytyy Kareltekissa sijaitsevasta LTKK:n lasertyöstölaboratoriosta. 4. Korkeakoulun naapurissa on teknologiakeskus Kareltek, jonka suojissa toimii 75 eri alojen yritystä.

1. LTKKs rektor Markku Lukka visar Högskolans nyaste faciliteter för president Tarja Halonen och utskottsrådet Pentti Arajärvi våren 2001. 2. Forskare från olika länder möts på talrika internationella seminarier. 3. Toppkunnande inom svetsning finner man på LTKKs laserbearbetnings-laboratorium som finns inom Kareltek. 4. Närmaste granne till Högskolan är teknologicentret Kareltek, som rymmer 75 företag inom olika teknologiområden.

1. Rector Markku Lukka presents the newest premises of the university to the president of the republic Tarja Halonen and committee counsellor Pentti Arajärvi in spring 2001. 2. Researchers from various contries meet in numerous international seminars. 3. The top know-how in welding can be found in LUT Laser Processing Laboratory in Kareltek. 4. The neigbouring Technology Centre Kareltek Inc. offers an operating environment for 75 companies from various branches.

1. Rektor Markku Lukka stellt der finnischen Präsidentin Tarja Halonen und ihrem Ehemann Pentti Arajärvi die neuen Räumlichkeiten im Frühjahr 2001 vor. 2. Forscher verschiedener Länder treffen sich bei zahlreichen internationalen Seminaren. 3. Fachliches Können auf höchstem Niveau konzentriert sich im Labor für Lasertechnik der Hochschule. 4. In der direkten Nachbarschaft zur Hochschule befindet sich das Technologiezentrum Kareltek, das 75 Unternehmen verschiedener Branchen beherbergt.

1. Ректор Маркку Лукка знакомит президента Финляндии Тарью Халонен и советника парламентской комиссии Пентти Араярви с новыми помещениями университета весной 2001 года. 2. Исследователи из разных стран встречаются на многочисленных международных семинарах. 3. Высокий уровень технологии сварки в расположенной в Карелтек лаборатории по лазерной обработке Лаппеенрантского университета. 4. Рядом с университетом расположен технологический Центр Карелтек, в рамках которого работают 75 предприятий в различных сферах деятельности.

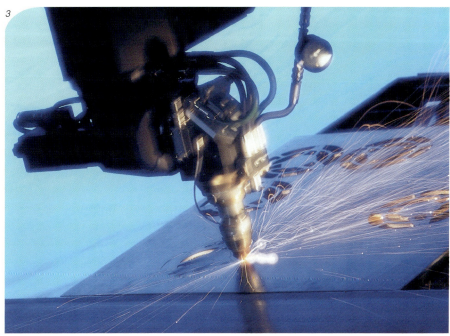

1. Lappeenranta oli maineikas kylpyläkaupunki jo 1800-luvulla. Nykyinen kylpylärakennus on vuodelta 1912. 2. Lappeenrannan maaseutualueet ovat vankasti asutettuja, Kasukkalan kylää. 3. Järvi-Suomen lihantuottajia palvelee Karjaportin Lappeenrannan tuotantolaitos.

1. Villmanstrand var en berömd badort redan på 1800-talet. Det nuvarande badhuset är från år 1912. 2. Landsbyggden runt Villmanstrand är stadigt bebodd, i bilden del av Kasukkala by. 3. Karjaporttis produktionsanläggning i Villmanstrand betjänar köttproducenter inom Finlands sjödistrikt.

1. Lappeenranta was famous of its spa already in the 19th century. The present spa building dates back to 1912. 2. The first snow on the fields of the village Keskisaari along the river Rakkolanjoki near the border. 3. Portti's Lappeenranta production plant serves the meat producers of the Lake District.

1. Lappeenranta war schon im 19. Jahrhundert ein bekannter Kurort. Das jetzige Kurhaus stammt aus dem Jahre 1912. 2. Die zu Lappeenranta gehörenden Landgebiete sind gut bewohnt. Hier das Dorf Kasukkala. 3. Der fleischerzeugenden Landwirtschaft der Region dient die Produktionsanlage der Firma Karjaportti in Lappeenranta.

1. Лаппеенранта уже в ЬИЬ веке была известным курортным городом. Нынешнее здание водно-оздоровительного центра было построено в 1912 году. 2. В окрестностях Лаппеенранта проживает много жителей. Деревня Касуккала. 3. Производственный цех мясоперерабатывающей фирмы Карйапортти среди озерного края в Лаппеенранта.

2

3

61

1. Lappeenrannan kaupunki sijaitsi 1700-luvun alussa kokonaisuudessaan Linnoituksen alueella 2. Kaupungintalo, kauppakeskus Iso-Kristiina ja hotelli Lappee sijaitsevat kaikki Edustatorin reunalla 3-5. Lappeenrannan keskustan tuntumassa on eräs Suomen suurimmista kalkkikiviesiintymistä, jota on hyödynnetty ilmeisesti jo 1500-luvulla. Partek Nordkalk on Pohjois-Euroopan johtava korkealaatuisten kalkkikivipohjaisten tuotteiden valmistaja, jonka tuotteita käytetään mm. teräs-, sellu- ja paperiteollisuudessa sekä ympäristönhoidossa ja maanviljelyssä.

1. Hela staden Villmanstrand befann sig inom fästningsområdet i början på 1700-talet. 2. Stadshuset, köpcentret Iso-Kristiina och hotell Lappee kantar Edustatori i Villmanstrands centrum. 3-5. I närheten av Villmanstrands centrum finns en av Finlands största kalkstensfyndigheter, som tydligen har exploaterats redan på 1500-talet. Partek Nordkalk är Norra Europas ledande tillverkare av produkter som baserar sig på kalksten. Produkterna används bl.a. inom stål-, cellulosa- och pappersindustri samt inom miljövård och jordbruk.

1. At the beginning of the 18th century, the whole Lappeenranta city was located in the Fortress area. 2. City Hall, shopping centre Iso-Kristiina and hotel Lappee surround the Edustatori square. 3-5. Near the Lappeenranta city centre there is one of the biggest limestone deposit in Finland which has been exploited obviously already in the 16th century. Partek Nordkalk is the leading producer of limestone-based products in northern Europe. Nordkalk products are used mainly in steel, pulp and paper industries as well as in environmental care and agriculture.

1. Die Stadt Lappeenranta befand sich am Anfang des 18. Jahrhunderts ganz in der Festungsanlage. 2. Das Rathaus, das Einkaufszentrum Iso-Kristiina und das Hotel Lappee befinden sich am Platz Edustatori 3-5. Nicht weit von der Stadtmitte Lappeenrantas entfernt befindet sich eines der größten Kalksteinvorkommen Finnlands, das wahrscheinlich schon im 16. Jahrhundert ausgebeutet wurde. Das Unternehmen Partek Nordkalk ist in Nordeuropa der führende Produzent von hochqualitativen Produkten aus Kalkstein, die ua. bei der Stahl-, Zellulose- und Papierherstellung verarbeitet sowie in der Umweltpflege und der Landwirtschaft verwendet werden.

1. В начале ЬЖИИИ века город Лаппеенранта располагался на территории крепости Линноитус. 2. Здание муниципалитета, торговый центр Исо-Кристиина и гостиница Лаппее обрамляют площадь Едустатори. 3-5. Недалеко от центра Лаппеенранта находится одно из самых крупных в Финляндии месторождений известняка, которое использовали уже в ЬЖИ веке. АО Партек Нордкалк занимает ведущее место в Северной Европе по производству высококачественной продукции из известняка, которая используется при выпуске бумаги, целлюлозы, изделий из стали, а также в сельском хозяйстве и для защиты окружающей среды.

1. Saimaan kanava vihittiin käyttöönsä jo vuonna 1856. Se koki täysremontin 1960-luvulla. Kesäisin Lappeenrannasta pääsee laivalla Viipuriin joka päivä. 2. Saimaan kanavassa sijaitseva Mustolan vapaasatama on Suomen sisävesisatamista suurin.

1. Saima kanal invigdes redan år 1856. Kanalen renoverades fullständigt på 1960-talet. På somrarna kan man varje dag åka båt från Villmanstrand till Viborg via kanalen. 2. Mustola frihamn i mynningen av Saima kanal är Finlands största insjöhamn.

1. The Saimaa Canal was consecrated already in 1856. It was totally reconstructed in the 1960s. During the summer season there is a boat connection from Lappeenranta to Vyborg every day. 2. Mustola free port on the Saimaa Canal is the biggest inland port in Finland.

1. Der Saimaa-Kanal wurde schon im Jahre 1856 eingeweiht und in den 60-iger Jahren voll renoviert. Im Sommer kommt man täglich mit dem Schiff von Lappeenranta nach Viipuri in Russland. 2. Der Freihafen Mustola am Saimaa-Kanal ist der größte Binnenhafen Finnlands.

1. Судоходство по Сайменскому каналу было открыто уже в 1856 году. Ремонт канала был проведен в 1960-х годах. Летом ежедневно из Лаппеенранта в Выборг курсируют пароходы. 2. Порт зоны свободной торговли Мустола, расположенный на Сайменском канале, является одним из самых больших портов внутренних вод Финляндии.

1. Perinteisillä ja tunnelmaltaan ainutlaatuisilla linnoituksen joulumarkkinoilla on tarjolla paljon hyvää syötävää ja mukavaa pukin konttiin pantavaa. 2–3. Kesällä marketit ovat auki myös sunnuntaisin. 4. Torin vilskettä

1. På Fästningens traditionella och enastående stämningsfulla julmarknad finns mycket gott att äta och trevliga julklappar att köpa. 2–3. På somrarna kan man handla mat även på söndagar. 4. Vimmel på salutorget.

1. The traditional and unique Christmas Market at the Fortress offers lots of edible and nice gifts for Farther Christmases sleigh. 2–3. In summertime the stores are open even on Sundays. 4. The bustle of the market place.

1. Auf dem traditionellen und von der Atmosphäre her einzigartigen Weihnachtsmarkt in der Festungsanlage gibt es viel Gutes zu essen und auch etwas für den Sack des Weihnachtsmannes. 2-3. Im Sommer sind die Supermärkte auch Sonntags geöffnet. 4. Das Leben auf dem Markt.

1. На традиционном и уникальном по атмосфере предрождественском рынке в крепости предлагается много сладостей и замечательных подарков для близких. 2-3. Летом супермаркеты открыты и по воскресеньям. 4. Суета на рынке.

- *1-2. Lappeenrannan satama, satamatori, Kasinonpuisto, Kylpylän ranta, Myllysaaren uimala ja Linnoitus ovat kesäisten tapahtumien keskus. 3. Sataman ravintolalaivat Prinsessa Armada ja Suvi-Saimaa ovat kesäiltaisin useasti viimeistä paikkaa myöten miehitettyjä. 4. Satamatorin kioskeista löytyvät paikkakunnan omat ruokaerikoisuudet: vedyt ja atomit. 5. Afrikkalaisen musiikin festivaali tuo eksotiikkaa kaupungin katukuvaan.*

- *1-2. Hamnen, Hamntorget, Kasinoparken, Badhotellets strand, Myllysaari bad samt Befästningen är centrala platser för sommarens evenemang. 3. Hamnens båtrestauranger Prinsessa Armada och Suvi-Saimaa brukar vara smockfulla av gäster på sommarkvällarna. 4. I kioskerna på Satamatori - Hamntorget finner man ortens egna snabbmatsspecialiteter som heter vety (väte) och atomi (atom). 5. Den afrikanska musikfestivalen ger ett exotiskt tillskott till stadsbilden.*

- *1-2. The harbour, harbour market place, park Kasinonpuisto, Spa beach, Myllysaari beach and the Fortress form the centre for summer events. 3. The floating restaurants Prinsessa Armada and Suvi-Saimaa in the passenger harbour are very popular, especially on summer evenings. 4. At the harbour market place you can taste the local specialities: "atomi" and "vety" - meat pies filled with ham, egg and seasonings. 5. African music event brings exoticism to the streets of Lappeenranta.*

- *1-2. Hafen, Markt, Kasinopark, das Ufer am Kurbad, das Strandbad Myllysaari und die Festung sind der Kern aller sommerlichen Veranstaltungen. 3. Die Restaurant-Schiffe Prinsessa Armada und Suvi-Saimaa sind an Sommerabenden oft bis zum letzten Platz besetzt. 4. In den Buden auf dem Platz am Hafen kann man eine ortseigene Imbiss-Spezialität probieren: Vety oder Atomi. 5. Das afrikanische Musikfestival bringt etwas Exotik ins Straßenbild der Stadt.*

- *1-2. Порт, портовый рынок, парк Касинонпуисто, берега курорта КылпылК, пляж в Мыллысаари, крепость Линноитус – центры летних мероприятий. 3. Летними вечерами расположенные в порту пароходы-рестораны Принцесса Армада и Сужи-Саймаа заполнены людьми. 4. В киосках портового рынка можно попробовать местные блюда – "ветю" и "атоми". 5. Фестиваль африканской музыки наполняет улицы города экзотикой.*

3

4

5

1. Kisapuiston hallin suojissa kasvaa SaiPan uusi pelaajasukupolvi. **2-6.** SaiPan ja Rakuunoiden pelit saavat kansan liikkeelle. **7.** Kesäteatteri Linnoituksessa.

1. Inne i idrottshallen i Kisapuisto - Idrottsparken - växer den nya generationen SaiPa-spelare. **2-6.** Matcherna av SaiPa och Rakuunat mobiliserar folket. **7.** Friluftsteater i Linnoitus - Fästningen.

1. In the ice stadium in Kisapuisto grows the next SaiPa player generation. **2-6.** The games of SaiPa and Rakuunat move people. **7.** Summer theatre in the fortress.

1. Im Schutz der Eishockeyhalle wächst die nächste Spielergeneration von SaiPa heran. **2-6.** Die Spiele von SaiPa und Rakuunat bringen so manche Leute in Wallung. **7.** Das Freilufttheater in den Wallanlagen der Festung.

1. В хоккейном зале Кисапуисто воспитывают будущих игроков команды СаиПа. **2-6.** Игри команды СаиПа и команды Ракуунат приилекают многих зрителей **7.** Летний театр в крепости.

5

6

7

1. Lappeenrannan Linnoituksessa sijaitsee Suomen vanhin ortodoksinen kirkkorakennus, Neitsyt Marian Suojelukselle pyhitetty kirkko vuodelta 1785. 2-4. Etelä-Karjalan Osuuspankki on vahvasti mukana maakunnan elämänmenossa.

1. Inom Villmanstrands Fästning finns Finlands äldsta ortodoxa kyrkobyggnad från år 1785, helgad åt Jungfru Marias Beskydd. 2-4. Andelsbanken Sydkarelen (Etelä-Karjalan Osuuspankki) är aktivt med i landskapets liv och verksamhet.

1. The oldest orthodox church in Finland (1785) is situated in the fortress of Lappeenranta. The church is dedicated to the Protection of the Virgin Mary. 2-4. Etelä-Karjalan Osuuspankki has an important role in the local course of life.

1. In der Festung befindet sich das älteste orthodoxe Kirchengebäude in Finnland. Die der Jungfrau Maria geweihte Kirche aus dem Jahre 1785. 2-4. Die Genossenschaftsbank von Süd-Karelien ist stark im Leben der Provinz integriert.

1. В крепости находится старейшая в Финляндии православная церковь Покрова Пресвятой Богородицы, построенная в 1785 году. 2-4. Банк ЕтелК-Карйалан Осууспанкки занимает важное место в повседневной жизни провинции.

Joutseno, yleistä

1. Konnunsuon vankilaa ympäröivillä pelloilla levähtävät muuttolinnut houkuttelevat paikalle myös runsaasti linnuista kiinnostuneita. **2.** Joutsenet ja hanhet viivähtävät suurin joukoin Konnunsuolla sekä keväisin että syksyisin. Kuvassa pikkujoutsenia lepotauolla pitkällä matkallaan pesimäalueille Pohjois-Siperiaan.

1. Flyttfåglar som stannar för att vila på åkrarna runt Konnunsuo fångvårdsanstalt lockar många fågelintresserade. **2.** Stora flockar av både svanar och gäss landar både om vårarna och höstarna på Konnunsuo myr. Bilden visar småsvanar på vilopaus under den långa flygningen till häckning i Norra Sibirien.

1. Migratory birds resting on the fields surrounding Konnunsuo prison attract bird-watchers. **2.** Swan and goose flocks rest in Konnunsuo every spring and autumn. The picture shows tundra swans resting on the long way to their nesting place in North Siberia.

1. Auf den das Gefängnis von Kunnonsuo umgebenden Feldern rasten Zugvögel, die viele Vogelbeobachter anziehen. **2.** Schwäne und Gänse verweilen in großen Schwärmen im Moor von Kunnonsuo, im Frühling wie auch im Winter. Das Bild zeigt kleine Schwäne bei einer Pause auf dem langen Flug zu ihren Brutplätzen im Norden Sibiriens.

1. Перелетные птицы, отдыхающие на полях вокруг тюрьмы Коннунсуо, привлекают многих любителей птиц. **2.** Весной и осенью стаи лебедей и гусей останавливаются на отдых на полях Коннунсуо. На снимке: малые лебеди, отдыхающие перед отлетом на северСибири.

1-3. Vaasan&Vaasan Oy:n Joutsenolainen leipomo valmistaa vuodessa 70 miljoonaa karjalanpiirakkaa muiden leipomotuotteiden ohessa. *4-7.* Myllymäen laskettelukeskus on talvisten hiihtoharrastusten keidas.

1-3. På Vaasan & Vaasan AB:s bageri Joutsenolainen bakas årligen bl.a. 70 miljoner karelska piroger. *4-7.* Utförsäkningscentret Myllymäki är en oas för skidintresserade.

1-3. Bakery Joutsenolainen of the company Vaasan&Vaasan Oy bakes 70 million Karelian pasties a year, among other bakery products. *4-7.* Myllymäki downhill skiing centre is the oasis of winter ski sports.

1-3. Die Bäckerei der Firma Vaasa & Vaasa in Joutseno produziert neben anderen Backprodukten jährlich 70 Millionen Karelische Piroggen. *4-7.* Das Skizentrum von Myllymäki ist ein Mekka für Anhänger des Skisports.

1-3. Пекарня Йоутсенолайнен леипомо АО Жаасан&Жаасан Оы ежегодно выпекает 70 миллионов карельских пирогов и много других пекарских изделий. *4-7.* Центр слалома в МыллымКки – оазис для занятий зимними видами спорта.

1-3. Oy Metsä Botnia Ab:n Joutseno Pulpin sellutehdas on suurin yksilinjainen havusellutehdas maailmassa.

1-3. Oy Metsä-Botnia AB:s cellulosafabrik Joutseno Pulp är världens största enlinjiga fabrik som tillverkar cellulosa av barrträd.

1-3. Oy Metsä Botnia Ab's Joutseno Pulp is the biggest producer of bleached softwood pulp on one line in the world.

1-3. Der zum Metsä-Botnia Konzern gehörende Betrieb Joutseno Pulp ist die größte Nadelholz in einer einzigen Produktionsstraße verarbeitende Zellulosefabrik der Welt.

1-3. Целлюлозный завод Йоутсено Пулп АО Оы МетсК Ботниа Аб является крупнейшим в мире производителем целлюлозы из хвойных пород дерева однолинейным методом.

- **1.** Kesäisin maakunnan toreilla tapaa aina iloisia ihmisiä. **2.** Joutsenon kirkko valmistui vuonna 1921. Sen suunnitteli Josef Stenbäck. **3.** Vuonna 2000 sairaalakäytöstä poistunut Rauhan mielisairaala rakennettiin alun perin kylpyläksi.

- **1.** På somrarna mötet man livligt torgliv och glada människor på landskapets marknadsplatser. **2.** Joutseno kyrka blev färdigbyggd 1921. Den är ritad av arkitekt Josef Stenbäck. **3.** Rauha mentalsjukhus, vars verksamhet upphörde år 2000, var från början byggt till badinrättning.

- **1.** In summertime the market places of the province are crowded with cheerful people. **2.** Joutseno church was completed in 1921. It was designed by Josef Stenbäck. **3.** Rauha asylum was closed in 2000. The building served originally as a spa.

- **1.** Auf den sommerlichen Märkten der Provinz treffen sich immer fröhliche Menschen. **2.** Die Kirche von Joutseno wurde im Jahre 1921 fertig. Der Architekt war Josef Stenbäck. **3.** Das im Jahre 2000 geschlossene psychiatrische Krankenhaus von Rauha wurde urspr‚nglich als Kurbad konzipiert.

- **1.** На летних рынках всегда можно встретить веселых людей. **2.** Церковь в Йоутсено была построена в 1921 году. Ее спроектировал Йозеф Стенбяк. **3.** Психиатрическая больница Рауха, первоначально располагавшаяся в здании санатория, была закрыта в 2000 году.

- *1-4.* Maailman suurimpiin metsäyhtiöihin kuuluvan Stora Enson Imatran tehtaat ovat maailman johtava nestepakkauskartongin valmistaja.

- *1-4.* Stora Ensos, som är ett av världens största skogsbolag, Imatra fabriker är världens ledande tillverkare av vätskekartong.

- *1-4.* Imatra Mills of Stora Enso - one of the biggest forest companies in the whole world - are the leading producers of liquid packaging boards worldwide.

- *1-4.* Die zu einem der weltgrößten holzverarbeitenden Konzernen gehörenden Fabriken von Stora Enso in Imatra sind die größten Hersteller von Getränkekartons der Welt.

- *1-4.* Одна из крупнейших в мире лесопромышленных компаний Иматра Миллс оф Стора Енсо является ведущим производителем упаковочного картона для жидкостей.

1- 4. Yli 90% Imatran tehtaan tuotannosta menee vientiin kaikkialle maailmaan.

1-4. Över 90 procent av Imatra fabrikens produktion säljs över hela världen.

1-4. More than 90% of the Imatra Mills' production is exported all around the world.

1-4. Über 90% der Produktion der Imatra-Werke geht in den Export in die ganze Welt.

1-4. Более 90% объема промышленного производства концерна Иматра Миллс экспортируется в разные страны мира.

- **1-4.** Imatra Big Band Festival on vuosien mittaan noussut yhdeksi jazzmusiikin kärkitapahtumista Suomessa. Festivaaleilla on esiintynyt alan huippuja ympäri maailmaa. Vuoden 2001 pääkonsertissa esiintyivät mm. jäähyväiskiertueellaan ollut Ultra Bra, Imatran oma poika, UMO:n riveissä soittava Jouni Järvelä, fuusiojatsin elävä legenda Joe Zawinul Syndicate -yhtyeineen ja maailmankuulu trumpetisti Jon Faddis. Isäntänä soitteli tietenkin kaupungin oma, aina laadukas Imatra Big Band.

- **1-4.** Imatra Big Band Festival har under årens lopp vuxit till ett av Finlands viktigaste jazzmusikevenemang. Toppartister från hela världen har medverkat på festivalen. I 2001 års huvudkonsert medverkade bl.a. Ultra Bra på sin avskedsturné, Imatras egen son Jouni Järvelä som spelar i UMO gruppen, Joe Zawinul Syndicate, levande legend inom fusions-jazzen, med orkester, samt den världsberömde trumpetspelaren Jon Faddis. Som värd för konserten spelade naturligtvis stadens egen, alltid högklassiga Imatra Big Band.

- **1-4.** Imatra Big Band Festival has year by year become one of the leading jazz music events in Finland. The Festival has presented top jazz artists all over the world. In 2001, main concert artists included Ultra Bra on its farewell tour, UMO orchestra with the local player Jouni Järvelä, the living legend of the fusion jazz Joe Zawinul with his Syndicate ensemble and the worldwide famous trumpet player Jon Faddis. The host was naturally the local, good old Imatra Big Band.

- **1-4.** Das Imatra Big Band Festival ist mit den Jahren zu einem Spitzen-Ereignis der Jazz-Musik in Finnland aufgestiegen. Hier sind einige der Größen des Jazz aufgetreten. Beim Hauptkonzert 2001 waren unter anderem zu sehen: die sich auf einer Abschiedstournee befindende Band Ultra Bra, der aus Imatra stammende und bei der Band UMO spielende Jouni Järvelä, die Band der lebenden Legende des Fusion-Jazz, das Joe Zavinul Syndicate und der weltbekannte Trompetenspieler Jon Faddis. Als Hausherr spielte natürlich die eigene Band der Stadt, die Imatra Big Band.

- **1-4.** Фестиваль Иматра Биг Бэнд с годами стал одним из главных событий джазовой музыки в Финляндии. На фестивале выступают звезды джаза из разных стран мира. В 2001 году в гала-концерте участвовали: группа Ултра Бра с прощальным концертом, музыкант оркестра УМО из Иматра Йоуни Ярвеля, живая джазовая легенда Джой Завинул со своим ансамблем Сындицате и широко известный в мире трубач Йон Фаддис. Хозяев фестиваля представляла музыкальная группа Иматран Биг Банд.

1. Imatran kuvataiteen yksikkö tunnetaan kansainvälisesti grafiikan osaamisestaan. Sen opiskelijat osallistuvat aktiivisesti näyttelyihin ja kilpailuihin sekä kotimaassa että ulkomailla.
2. Etelä-Karjalan ammattikorkeakoulun sosiaali- ja terveysalalla työskennellään jo opiskelun aikana aidoissa työtilanteissa.
3. Alueen luonnon ja kulttuurin monipuolisuus tarjoavat matkailun koulutukseen monia mahdollisuuksia.

1. Bildkonstenheten i Imatra är internationellt känd för sitt kunnande inom grafik. Studenterna deltar aktivt i utställningar och tävlingar både hemma och utomlands. *2.* Inom Yrkeshögskolans social- och hälsovårdsutbildning får studenterna redan under studietiden öva i verkliga arbetssituationer. *3.* Landskapets mångsidiga natur och kultur erbjuder god förutsättningar för utbildning inom turism.

1. The unit of Fine Art in Imatra is internationally known of its grafic arts. Students take part actively in exhibitions and competitions both in and outside Finland. *2.* In South Carelia Polytechnic, the students of Health Care and Social Welfare are trained in real working situations during their studies. *3.* The diversity of the nature and culture of the area offer many possibilities to the education of Tourism and Hospitality.

1. Die Abteilung für Bildende Kunst ist international besonders durch ihre Kompetenz im Fach Grafik bekannt. Die Studenten beteiligen sich aktiv an Ausstellungen und Wettbewerben im In- und Ausland. *2.* Studenten des Fachbereiches Soziales und Gesundheit der Fachhochschule von Süd-Karelien bekommen die Möglichkeit, schon während des Studiums Gelerntes in der Praxis anzuwenden. *3.* Die Vielseitigkeit von Natur und Kultur in dieser Provinz bieten dem Unterricht im Fach Tourismus viele Möglichkeiten.

1. Отделение изобразительного искусства и дизайна в Иматра известно в мире своим мастерством в области графики. Студенты принимают активное участие в выставках и конкурсах как в Финляндии, так и за ее пределами. *2.* В ˋжно-Карельском Политехнике студенты отделения здравоохранения и социальной работы во время занятий проходят обучение в реальной рабочей обстановке. *3.* Многообразие природы и культуры региона создает много возможностей при изучении туризма и гостиничного хозяйства.

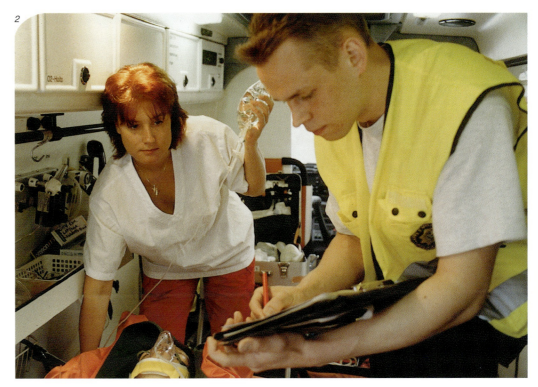

- *1. Kaakkois-Suomen tiepiirin johtaja, rakennusneuvos Ville Mäkelä, Merenkulkulaitoksen vt. pääjohtaja Jukka Hirvelä, kansanedustaja Matti Saarinen (sd) ja Etelä-Karjalan maakuntajohtaja Timo Puttonen. 2. Kaakkois-Suomen Työvoima- ja Elinkeinokeskuksen johtaja Jarmo Pirhonen. 3. Imatralla on kaunis 18 reikäinen golfkenttä. 4. Kuinka sujuu Imatran Big Band festivaalien suojelijalta swingi? Puhemies Open -golfkisan avauslyönnin löi imatralainen eduskunnan puhemies Riitta Uosukainen.*

- *1. Ville Mäkelä, chef för Sydöstra Finlands vägdistrikt, tf chefsdirektör Jukka Hirvelä, Sjöfartsverket, riksdagsman Matti Saarinen (s) och Timo Puttonen, landskapsdirektör för Sydkarelen. 2. Jarmo Pirhonen, chef för Sydöstra Finlands Arbetskrafts- och Näringscentrum (TE-centrum). 3. Den vackert belägna 18-håliga golfbanan i Imatra. 4. Hur går det med swingen, talman Riitta Uosukainen? Golftävlingen Puhemies (Talman) Open öppnades av riksdagens talman Riitta Uosukainen, imatrabo och beskyddare av Imatra Big Band Festival.*

- *1. Regional director of the Kaakkois-Suomi Region of the Finnish Road Administration, construction counsellor Ville Mäkelä, acting general director of the Finnish Maritime Administration Jukka Hirvelä, Member of Finland's Parliament Matti Saarinen (sos. dem.) and the executive director of the Regional Council of South Karelia Timo Puttonen. 2. Director of the Employment and Economic Development Centre for Southeastern Finland, Jarmo Pirhonen. 3. The beautiful 18 hole course of Imatra Golf. 4. How is the swing of the Imatra Big Band Festival patron? Puhemies Open Golf Competition was opened by the speaker of the Parlament of Finland, Riitta Uosukainen.*

- *1. Der Leiter der Finnischen Strassenverwaltung in Südost-Finnland, Baurat Ville Mäkelä, der stellvertretende Leiter des finnischen Seefahrtsamtes Jukka Hirvelä, der sozialdemokratische Parlamentsabgeordnete Matti Saarinen und der Landrat der Provinz Südkarelien Timo Puttonen. 2. Der Leiter des Beschäftigungs- und Wirtschaftsförderungszentrums in Südost-Finnland Jarmo Pirhonen. 3. In Imatra befindet sich ein schön gelegener Golfplatz. 4. Wie klappt es bei der Schirmherrin des Big Band Festivals von Imatra mit dem Swing? Der Eröffnungsschlag des Golfturniers von Imatra gehört natürlich der finnischen Parlamentspräsidentin Riitta Uosukainen, die aus Imatra stammt.*

- *1. Директор дорожного Управления ´го-Восточной Финляндии, государственный советник по строительству Вилле Мякеля, и.о.генерального директора морского Управления Финляндии ´кка Хирвеля, депутат парламента Финляндии Матти Сааринен (соц.-дем.) и региональный директор ´жно-Карельского Союза Тимо Путтонен. 2. Руководитель Центра трудовых ресурсов и экономического развития ´го-Восточной Финляндии Ярмо Пирхонен. 3. В Иматра имеется прекрасное поле с 18 лунками для игры в гольф. 4. Удастся ли свинг патрону фестиваля Иматра Биг Бэнд? Соревнования по гольфу Пухемиес Опен открывает Председатель парламента Финляндии Риитта Уосукайнен.*

1. *Rantalinna on kuulunut venäläiselle prinssi Aleksander von Oldenburgille. Nykyisin tässä Saimaan rannalla sijaitsevassa jugendhuvilassa toimii hotelli ja ravintola.* **2.** *Jaakkiman Kristillisen Opiston sali.* **3.** *Maakunnan hienoin rakennus on vuonna 1903 valmistunut, kansallisromanttista tyyliä edustava Valtionhotelli.*

1. *Jugendvillan Rantalinna vid Saimens strand tillhörde en gång i tiden till prins Aleksander (Alexander?) von Oldenburg. Numera inrymmer denna ståtliga byggnad både hotell och restaurang.* **2.** *Auditorium vid Jaakkima Kristna Folkhögskola.* **3.** *Landskapets finaste byggnad är Valtionhotelli (Statshotellet), byggt i nationalromantisk stil, färdigställt 1903.*

1. *Rantalinna belonged to the Russian prince Aleksander von Oldenburg. Now this Jugendstil villa on the lakeside of Saimaa serves as a hotel and a restaurant.* **2.** *The hall of Jaakkima Christian College.* **3.** *The most exclusive building of the province is Hotel Imatran Valtionhotelli, built in national romantic style in 1903.*

1. *Das Schlößchen Rantalinna gehörte einst dem russischen Prinzen Aleksander von Oldenburg. Heute befindet sich in dem Jugendstil-Gebäude ein Hotel mit Restaurant.* **2.** *Der Saal der christlichen Heimvolkshochschule Jaakkimaa* **3.** *Das nobelste Gebäude der Provinz ist das 1903 im nationalromantischen Stil erbaute Valtionhotelli (Staatshotel).*

1. *Ранталинна принадлежала русскому князю Александру фон Ольденбургу. Сейчас здесь, в расположенной на берегу озера Саймаа вилле в стиле "югенд", работают гостиница и ресторан.* **2.** *Зал христианского училища Йааккима.* **3.** *Самое уникальное здание провинции - гостиница Иматран Жалтионхотелли - построено в национально-романтическом стиле в 1903 году.*

1-2. Eukkoja Ruokolahden kirkonmäellä ikuisti ensimmäistä kertaa Suomen taiteen kulta-ajan mestari Albert Edelfelt jo 1800-luvulla *3.* Haukkavuori on vanha rajamerkkivuori Laatokan ja Saimaan vesistöjen vedenjakajalla. Se on Etelä-Karjalan korkein paikka; sen laki on lähes 175 metriä merenpinnan yläpuolella ja yli 80 metriä juurellaan olevan Sarajärven pinnasta.

1-2. Gummor på Ruokolahti kyrkbacke förevigades för första gången av mästaren under finländska konstens guldålder, Albert Edelfelt, redan på 1800-talet. *3.* Haukkavuori berg är ett gammalt gränsmärke på vattendelaren mellan Ladoga och Saimen vattensystem. Det är det högsta stället i Sydkarelen; nästan 175 meter ovanför havsytan och mer än 80 meter över närliggande Sarajärvisjöns yta.

1-2. Women outside the church at Ruokolahti were first painted already in the 19th century by the master of the golden era of Finnish art, Albert Edelfelt. *3.* Haukkavuori is the oldest landmark on the watershed of the waterways Ladoga and Saimaa. It is the highest spot in southern Karelia; the top reaching almost 175 m above the sea level and more than 80 m above the neighbouring lake Sarajärvi.

1-2. Mit diesem Bild von den Weibern auf dem Kirchhügel in Ruokolahti machte sich Albert Edelfelt, ein Meister aus der goldenen Zeit der finnischen Kunst, schon im 18. Jahrhundert bekannt. *3.* Der Haukkavuori-Berg ist eine alte Grenzmarkierung für die Wasserscheide zwischen Ladoga und Saimaa. Es ist die höchste Erhebung in Süd-Karelien, 175m über dem Meeresspiegel und 80m über dem sich zu ihren Füßen befindlichen Sarajärvi-See.

1-2. Бабы Руоколахти на церковном пригорке были впервые увековечены на полотне еще в ЬИЬ веке великим финским художником Альбертом Эдельфельтом. *3.* Холм Хауккажуори – старый природный объект на водоразделе водных систем озер Ладога и Саймаа. Это самое высокое место ´жной Карелии: оно лежит на высоте почти 175 м над уровнем моря и более 80 м над уровнем озера СарайКржи.

3

- *1-3.* M-Real Oyj:n Simpeleen kartonkitehdas sekä paperitehdas. Paikallisten luonnonvarojen hyödyntämisestä liikkeelle lähtenyt teollisuus on kehittynyt moderniksi, maailmanlaajuiseksi pakkausmateriaalien tuottajaksi.

- *1-3.* M-Real ABp - kartongfabrik och pappersfabrik i Simpele. Efter att frÂn bˆrjan endast utnyttjat lokala naturresurser har fˆretaget vuxit till en modern industri och v‰rldsomfattande producent av fˆrpackningsmaterial.

- *1-3.* Simpele Board Mill and Paper Mill of the M-Real Corporation. The industry that started from the utilisation of local natural resources has developed into a modern, worldwide producer of packaging materials.

- *1-3.* In Simpele sind eine Kartonfabrik und eine Papierfabrik von der M-Real AG. Diese Industrieansiedlung hat ihren Ursprung in einer ˆrtlichen Initiative, nat¸rliche Ressourcen zu nutzen. Daraus entwickelte sich ein moderner, weltweit operierender Hersteller von Verpackungsmaterialien.

- *1-3.* Картонная и бумажная фабрики в Симпеле АО М-Реал Оы. Предприятия, начавшие свою деятельность с утилизации местных природных ресурсов, стали современными, известными в мире производителями упаковочного материала.

1-2. Antiikki- ja keräilymessuilla riittää kiinnostuneita kävijöitä. Ja kauppa käy. *3.* Lahnasenkosken voimala Laatokkaan laskevassa Hiitolan- eli Kokkolanjoessa.

1-2. Det finns gott om intresserade besökare och livlig handel på antik- och samlarmässan. *3.* Lahnakoski kraftverk i Hiitola-/Kokkolaån som mynnar i Ladoga.

1-2. Antique and collecting festivals are very popular. And business is good. *3.* Lahnasenkoski power plant on the river Hiitolanjoki, also known as Kokkolanjoki, flowing into the lake Ladoga.

1-2. Auf der Antik- und Sammlermesse gibt es reichlich Besucher. Und das Geschäft geht gut. *3.* Das Kraftwerk von Lahnasenkoski am Fluss Hiitolanjoki, der zum Ladoga-See fließt.

1-2. На ярмарке антиквариата и коллекционных вещей много заинтересованных посетителей. И торговля идет. *3.* Вода с электростанции Лахнасенкоски по реке Хиитола или Кокколанйоки течет в Ладожское озеро.

● *1. Yöttömän yön aromit mansikoihin talletettuina. 2. Rautjärven pellot ovat pienialaisia. 3. Ruokolahden ja Rautjärven kunnilla on tukeva rajapyykki, Haukkavuori.*

● *1. Den ljusa sommarnattens aromer inlagda i jordgubbar. 2. Åkrarna i Rautjärvi är små till arealen. 3. Kommunerna Ruokolahti och Rautjärvi har ett stabilt gränsröse, Haukkavuori berg.*

● *1. The flavours of the nightless night stored in strawberries. 2. The fields in Rautjärvi are quite small. 3. Haukkavuori, the robust boundary mark of Ruokolahti and Rautjärvi.*

● *1. Das Aroma der nachtlosen Nächte, in Erdbeeren gespeichert. 2. Die Felder in Rautjärvi sind kleinflächig. 3. Die Gemeinden Ruokolahti und Rautjärvi haben einen stabilen Grenzstein: den Berg Haukkavuori*

● *1. Ароматы белых ночей накапливаются в клубнике. 2. Небольшие поля деревни Раутярви. 3. Холм Хауккажуори является своеобразным пограничным "знаком" между коммунами Руоколахти и Раутярви.*

1. Etelä-Karjalan Osuuspankilla ja sen asiakkailla on yhteiset arvot ja tavoitteet sekä runsaasti menestystahtoa. *2.* Osuuspankin sijoitusneuvontailta Imatran Valtionhotellissa. *3-5.* Suuret päivittäistavarakaupat käyvät kovaa kilpailua asiakkaista. *6.* Imatralla tehdään kiinteää yhteistyötä aivan naapurissa sijaitsevan venäläisen Svetogorskin kaupungin kanssa.

1. Andelsbanken Sydkarelen (Etelä-Karjalan Osuuspankki) delar med sina kunder gemensamma värderingar och mål samt stark vilja till framgång. *2.* Andelsbankens investeringsrådgivning på Statshotellet. *3-5.* De stora dagligvarukedjorna för en hård kamp om kunderna. *6.* Imatra har nära samarbete med den ryska grannstaden Svetogorsk.

1. Etelä-Karjalan Osuuspankki and its clients share common values and goals and lots of will to succeed. *2.* Investment councelling evening of Osuuspankki at Hotel Imatran Valtionhotelli. *3-5.* Big grocery stores compete fiercely for the customers. *6.* Imatra cooperates intensively with the neighbouring Russian town, Svetogorsk.

1. Die Genossenschafts-Bank von Süd-Karelien und ihre Kunden haben gemeinsame Werte und Ziele sowie reichlich Erfolgswillen. *2.* Anlageberatungsabend der Genossenschaftsbank im Staatshotel. *3-5.* Die großen Supermärkte konkurrieren intensiv um die Kunden. *6.* Imatra hat eine enge Zusammenarbeit mit der in der direkten Nachbarschaft liegenden russischen Stadt Svetogorsk.

1. Банк ЕтелК-Карйалан Осууспанкки и его клиенты имеют общие цели и стремления в достижении успехов. *2.* Консультации банка Осууспанкки по вложению денежных средств проводятся вечером в гостинице Иматран Жалтионхотелли. *3-5.* Крупные супермаркеты ведут активную борьбу за покупателей. *6.* Иматра тесно сотрудничает с расположенным по соседству российскимгородом Светогорск.

3

4

5

6

1. Imatran Varpasaaren kalastuspuistossa järjestetään joka vuosi kalamarkkinat.

1. Fiskmarknad är årligen återkommande händelse i Varpasaari fiskepark.

1. Fish Market is arranged every year at Vuoksi Fishing Park in Varpasaari.

1. Im Fischpark der Insel Varpasaari in Imatra findet alljährlich ein Fischmarkt statt.

1. В рыболовном парке на острове Жарпасаари в Иматра ежегодно проводятся рыбные ярмарки.

1. Imatran kylpylän laajennus otettiin käyttöön syksyllä 2001. Vihkimisen suoritti kauppa- ja teollisuusministeri, imatralainen lääkäri Sinikka Mönkäre. 2-3. Imatran kylpylä, kylpylähotelli Imatran Vapaa-aikakeskuksessa.

1. Den nya delen av Imatra Badhotell invigdes hösten 2001 av Finlands handels- och industriminister Sinikka Mönkäre, som kommer från Imatra och är läkare till utbildningen. 2-3. Badhotellet Imatran Kylpylä i Imatra Fritidscentrum.

1. The enlargement of the Spa Hotel Imatran Kylpylä was introduced in the autumn 2001. It was consecrated by the minister of trade and industry, doctor Sinikka Mönkäre. 2-3. Spa Hotel Imatran Kylpylä is located in Vapaa-aikakeskus in Imatra.

1. Die Erweiterung des Kurbades von Imatra wurde 2001 von der Ministerin für Handel und Industrie, Sinikka Mönkäre aus Imatra, eingeweiht. 2-3. Das Kurbad und das Kurhotel im Freizeitzentrum von Imatra.

1. Расширение курортной гостиницы Иматран КылпылK было завершено осенью 2001 года. Министр торговли и промышленности Синикка Мёнкяре на церемонии открытия. 2-3. Курортная гостиница Иматран КылпылK расположена в центре отдыха Жапаа-аикакескус.

2

3

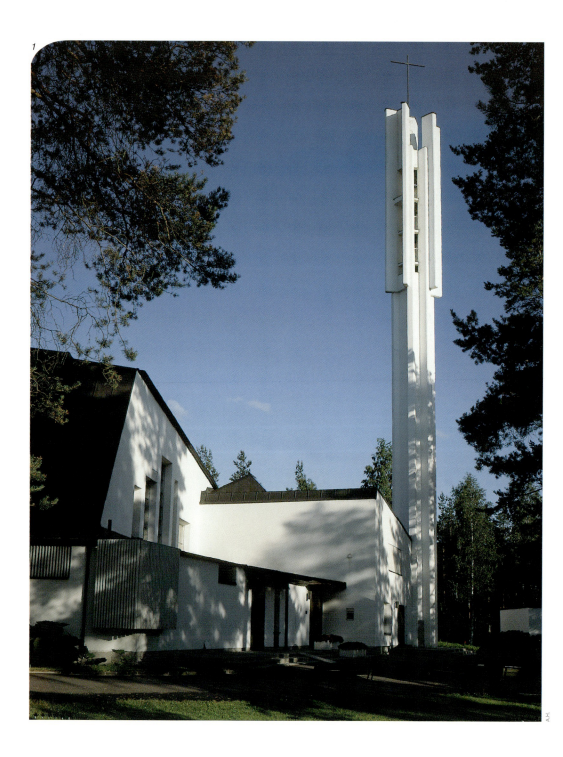

1. Alvar Aallon suunnittelema, vuonna 1958 valmistunut Kolmen Ristin Kirkko on maakunnan kansainvälisesti tunnetuin rakennus. 2. Imatran Palloveikot on Etelä-Karjalan lahja maan mestaruussarjatasoiselle pesäpalloilulle.

1. Landskapets internationellt mest välkända byggnad är Kolmen Ristin Kirkko (Trekorskyrkan), ritad av arkitekt Alvar Aalto, färdigställts 1958. 2. Idrottsföreningen Imatran Palloveikot är Sydkarelens gåva till den finländska mästerskapsserien i boboll.

1. Church of the Three Crosses, designed by architect Alvar Aalto and completed in 1958, is internationally the best known building of the province. 2. Imatran Palloveikot represents South Karelia in the Finnish championship league of "pesäpallo", a Finnish version of baseball.

1. Die von Alvar Aalto entworfene, 1958 fertiggestellte Drei-Kreuz-Kirche ist das international bekannteste Gebäude der Provinz. 2. Der Verein "Ballfreunde Imatras" ist das Geschenk von Süd-Karelien an die höchste Liga des finnischen Schlagballs.

1. Церковь Трех Крестов, построенная в 1958 году по проекту архитектора Алвара Аалто, является самым известным зданием провинции. 2. Команда по игре в финскую лапту Иматран Палложеикот успешно представляет ˙жную Карелию на чемпионатах страны.

- *1. Uukuniemen kirkko. 2. Harjujen reuna-alueiden ravinteikkaille maille, entisille kaskimaille, on noussut heleitä koivikoita. 3. Papinniemen Kirkkokalliolta avautuu näkymä Karjalan Pyhäjärvelle. Kalliolla on muinoin sijainnut ortodoksikirkko.*

- *1. Uukuniemi kyrka. 2. Friska björkdungar har vuxit på åsarnas bördiga kanter, före detta svedjemarker. 3. Utsikt från Papinniemi Kyrkoberg mot Karelska Pyhäjärvi sjö. På berget stod en gång i tiden en ortodoxkyrka.*

- *1. Uukuniemi church. 2. Fresh birch forests grow now on the nutritious lands on the ridge fringes, former burn-beaten areas. 3. View from Kirkkokallio cliff in Papinniemi to the lake Karjalan Pyhäjärvi. Once there was an orthodox church on the cliff.*

- *1. Die Kirche von Uukuniemi. 2. Auf den durch Brandrodung nährstoffreichen Böden an den Rändern der Endmoränen wachsen helle Birkenhaine. 3. Vom Kirchenfelsen in Papinniemi öffnet sich der Blick auf den See Pyhäjärvi in Karelien. Auf dem Felsen befand sich früher eine russisch-orthodoxe Kirche.*

- *1. Церковь в Уукуниеми. 2. На краю гряды на плодородных землях, выжженных под пашню, стоят белые березы. 3. С Кирккокаллио на мысе Паппинниеми открывается вид на озеро ПыхКйКржи. В старину на скале находилась православная церковь.*

● **1.** Etelä-Karjalan Osuuskaupan myymälä Uukuniemen Niukkalassa. **2.** Idyllistä ranta-asumista punaisessa torpassa. **3.** Kummun kylällä on aavistus karjalaisesta vaaramaisemasta. **4.** Savo-Karjalan virkistyskeskus toimii Uukuniemen entisessä pappilassa. **5.** Syrjiensärkät on korkeiden ja kapeiden harjujen ja pienten lampien muodostama labyrintti.

● **1.** Sydkarelska Andelshandelns butik i Niukkala. **2.** Idylliskt boende i rött torp vid stranden. **3.** Kumpu by ger intryck av ett karelskt berglandskap. **4.** Ett Savolaxiskt-Karelskt rekreationscenter är inrymt i före detta prästgård. **5.** Syrjiensärkät är ett labyrint som bildas av höga och smala åsar och små tjärnar.

● **1.** The store of Etelä-Karjalan Osuuskauppa in Niukkala in Uukuniemi. **2.** Idyllic living in a red cottage on the lakeside. **3.** In Kumpu village there is a shade of Karelian hill landscape. **4.** The recreational centre Savo-Karjalan virkistyskeskus is located in the former vicarage of Uukuniemi. **5.** Syrjiensärkät is a labyrinth of high and narrow ridges and small ponds.

● **1.** Der Laden der Konsumgenossenschaft von Süd-Karelien, Etelä-Karjalan Osuuskauppa, im Dorf Niukkala in Uukuniemi. **2.** Idyllisches Wohnen am Seeufer in einer roten Kate. **3.** Beim Dorf Kummu bekommt man einen leisen Eindruck von der karelischen Hügellandschaft. **4.** Das Erholungszentrum der Region Savo-Karjala befindet sich in der ehemaligen Pfarrei von Uukuniemi. **5.** Das Gebiet Syrjiensärkät ist ein Labyrinth aus hohen, schmalen Landrücken und kleinen Teichen.

● **1.** Магазин ЕтелК-Карйалан Осуускауппа в местечке Ниуккала около Уукуниеми. **2.** Л Красная избушка как идиллическое прибрежное жилище. **3.** Ландшафт деревни Кумпу напоминает карельские сопки. **4.** Центр отдыха Сажо-Карйалан жиркистыскескус работает в бывшей усадьбе священника. **5.** СырйиенсКркКт – своеобразный лабиринт, состоящий из самой высокой узкой гряды и небольших озер.

1. Tarnalan kylän maisema ja arvokas lintuvesistö ovat seurausta järven laskusta. 2. Vesien johtamiseksi kaivettiin syvät ja leveät avokanavat. Kuvassa Kivisalmen kanava. 3. Lähes kaikki Saaren kunnan järvet on aikoinaan laskettu peltoalan lisäämiseksi.

1. Tarnala by och den värdefulla fågelsjön som är kvar efter tappningen. 2. För att släppa ut vattnen grävde man djupa och breda öppna kanaler. Bilden visar Kivisalmi kanal. 3. Nästan alla sjöar i Saari kommun har en gång i tiden tappats för att öka åkerarealen.

1. The landscape and significant bird wetlands of Tarnala village are the consequence of the lowering of the lake level. 2. Deep and broad open canals were digged to convey the water. Picture shows the canal of Kivisalmi. 3. Almost all the lakes in Saari have been lowered to increase the field area.

1. Die Landschaft des Dorfes Tarnala und ihr heute wertvolles Vogelgewässer sind Folgen der Senkung des Wasserspiegels. 2. Um das Wasser abzuleiten wurden tiefe und breite Kanäle gegraben. Hier der Kanal von Kivisalmi. 3. Der Wasserspiegel fast aller Seen der Gemeinde Saari wurde früher gesenkt um die landwirtschaftliche Fläche zu vergrößern.

1. Пейзаж деревни Тарнала и прекрасный водоем для птиц после спуска воды в озере. 2. Для отведения воды были проложены глубокие и широкие дренажные каналы. На снимке: канал Кижисалми. 3. Уровень почти всех озер в районе коммуны Саари был снижен с целью увеличения площади пахотных земель.

- **1.** Etelä-Karjalan Osuuskaupan Saaren myymälä. **2.** Saarenkylän Neulansilmäpuoti. **3.** Maisema Tarnalan kylältä etelään.

- **1.** Sydkarelska Andelshandelns butik i Saari. **2.** Neulansilmäpuoti - Nålsögebutik - i Saarenkylä. **3.** Vy söderut från Tarnala by.

- **1.** The store of Etelä-Karjalan Osuuskauppa in Saari. **2.** Shop Neulansilmäpuoti in Saarenkylä village. **3.** View form the Tarnala village into south.

- **1.** Der Laden der Konsumgenossenschaft von Süd-Karelien, Etelä-Karjalan Osuuskauppa, in Saari **2.** Die Boutique "Neulansilmä" im Dorf Saarenkylä. **3.** Landschaft südlich des Dorfes Tarnala

- **1.** Магазин ЕтелК-Карйалан Осуускауппа в Саари. **2.** Магазин Неула в Сааренкюля. **3.** Ландшафт на юге деревни Тарнала.

3

- *1. Maaseutumaisema Saaren kunnasta. 2. Parikkalan kirkko edustaa tyypillistä itäsuomalaista kirkkoarkkitehtuuria.*

- *1. Lantlig vy i Saari kommun. 2. Parikkala kyrka är ett typiskt exempel på östfinländsk kyrkoarkitektur.*

- *1. Rural landscape in Saari. 2. Parikkala church represents typical church architecture in eastern Finland.*

- *1. Landschaft in der Gemeinde Saari. 2. Die Kirche von Parikkala ist im typischen ostfinnischen Stil erbaut.*

- *1. Сельский пейзаж на территории коммуны Саари. 2. Церковь в Париккала – типичный стиль церковной архитектуры Восточной Финляндии.*

1. Hotelli - ravintola Kägöne palvelee valtatie 6:n kulkijoita
2. Laatokan Portin majoitus- ja ravintolapalveluja käyttävät niin kesäasukkaat kuin matkailijatkin. *3.* Ristimäen kartanon rakennuksia ympäröi laaja, kasvitieteellisestikin merkittävä, kaunis puisto.

1. Hotell och restaurang Kägöne betjänar trafikanterna på riksväg 6. *2.* Laatokan Porttis inkvarterings- och restaurangservice utnyttjas av såväl sommargäster som turister. *3.* Ristimäki herrgårds byggnader omges av en stor och vacker park, som även har betydelse i botaniskt hänseende.

1. Hotel and restaurant Kägöne wellcomes all the travellers from highway n:o 6. *2.* The accomodation and restaurant services of the hotel Laatokan Portti are used by summer residents as well as travellers. *3.* The buildings of Ristimäki manor are surrounded by an extensive, botanically significant, beautiful garden.

1. Das Hotel und Restaurant Kägöne bedient die Reisenden der Reichsstraße 6. *2.* Übernachtungsmöglichkeit und Restaurant bietet Laatokan Porti den Sommergästen und Reisenden. *3.* Die Gebäude des Gutshofes von Ristimäki werden von einem schönen, großzügig angelegten, biologisch bedeutsamen Park umgeben.

1. Гостиница-ресторан ККгЪне обслуживает всех проезжающих по шоссе Н 6. *2.* Услугами гостиницы-ресторана Лаатокан Портти пользуются как летние постояльцы, так и туристы. *3.* Здание усадьбы РистимКки окружено большим красивым парком с редкими видами растений.

1-3. Karjalan Lomahovi on monipuolinen, tasokas ja luonnonläheinen lomakeskus. *4.* Parikkalan keskustan S-market. *5.* Jetlink Oy on erikoistunut liimapuun valmistamiseen. *6.* Pariwood Oy valmistaa lehtipuuparkettia.

1-3. Karjalan Lomahovi - Semesterhov - är ett mångsidigt, högklassigt och naturnära semesterparadis. *4.* Dagligvarumarknaden S-market i Parikkala centrum. *5.* Jetlink Oy har specialiserat sig på att tillverka limträ. *6.* Pariwood Oy tillverkar parkett av lövträd.

1-3. Karjalan Lomahovi is a versatile, high-grade holiday centre close to the nature. *4.* The store S-market in the centre of Parikkala. *5.* Jetlink Oy is specialised in the manufacturing of laminated timber. *6.* Pariwood Oy manufactures hardwood parquet.

1-3. Karjalan Lomahovi ist ein vielseitiges, stilvolles und naturnahes Ferienzentrum. *4.* Der zur S-Gruppe gehörende Supermarkt im Zentrum von Parikkala. *5.* Die Firma Jetlink Oy hat sich auf die Fertigung von geleimten Holzkomponenten spezialisiert. *6.* Die Firma Pariwood Oy stellt Parkettböden aus Laubholz her.

1-3. Гостиница Карйалан Ломахожи – своеобразный, предлагающий разнообразные услуги и расположенный среди природы центр отдыха. *4.* Магазин С-маркет находится в центре Париккала. *5.* Компания Йетлинк Оы специализируется на производстве слоистого древесинного материала. *6.* АО Паривоод Оы выпускает паркет из древесины лиственных пород деревьев.

● **1.** *Näitä pitkospolkuja pitkin tallaa vuosittain yli 10 000 luonto-harrastajaa, joista iso osa on ulkomaalaisia.* **2.** *Siikalahti on Suomen sisävesien arvokkain kosteikkoalue. Sen erinomaisesta lintutornista on hyvä näkymä kosteikkoalueen keskeisiin osiin. Opastuskeskus ja luontopolku kertovat kävijöille alueen luonnosta.*

● **1.** *Fler än 10.000 naturvänner, flera från utlandet, traskar årligen över dessa spänger.* **2.** *Siikalahti är det finländska insjöområdets värdefullaste våtmark. Från dess utmärkta fågeltorn har man bra utsikt över våtmarkens centrala delar. En informationscentral och naturstig upplyser besökarna om områdets natur.*

● **1.** *This duckboard path is used yearly by more than 10 000 nature enthusiasts, lots of them coming from abroad.* **2.** *Siikalahti is the most significant bird wetlands of Finland's interior. There is an excellent view from the bird watching tower to the central parts of the wetlands. The guide centre and nature trail present the local nature to the visitors.*

● **1.** *Auf diesen Holzbohlen entlang spazieren jährlich über 10 000 Naturfreunde, von denen ein großer Teil Ausländer sind.* **2.** *Siikalahti ist das wertvollste Feuchtgebiet im Bereich der Binnengewässer Finnlands. Von seinem einzigartigen Beobachtungsturm aus können Vögel bis in die zentralen Teile des Gebietes beobachtet werden. Das Informationszentrum und der Naturpfad erklären den Besuchern die Besonderheiten dieses Feuchtgebietes.*

● **1.** По этим тропам ежегодно проходят более 10 000 любителей природы и значительная их часть – иностранные гости. **2.** Сииккалахти – прекрасное финское внутриозерное мелководье. Со смотровой вышки открывается впечатляющая панорама птичьего базара в центральной части этой местности. Пункт информации и туристические тропы ознакомят с природой района.

Neljä vuodenaikaa
- Keväällä jäät lähtevät maakunnan suurilta järviltä huhti- toukokuun vaihteessa. Kesän hellejaksoina Suomen korkeimmat lämpötilat mitataan useasti Etelä-Karjalassa. Syksyn ja talven olosuhteita määräävät itäinen, kylmä mannerilmasto ja etenkin maakunnan eteläosassa meren leudontava vaikutus.

Fyra årstider
- På landskapets stora sjöar sker islossningen vid månadsskiftet april-maj. Högsommarens högsta temperaturer i Finland noteras ofta i Sydkarelen. Höstens och vinterns väderförhållanden präglas av det ostliga, kalla fastlandsklimatet, men speciellt i landskapets södra delar känns havets mildrande verkan.

Four seasons
- In springtime the breakingup of ice on the great lakes of the province happens at the end of April and beginning of May. In summertime the highest temperatures in Finland are very often measured in South Karelia. In autumn and winter the weather conditions are determined by the eastern, cold continental climate, and especially in the southern parts of the province, the milding effect of the sea.

Vier Jahreszeiten
- Das Eis der groflen Seen in der Provinz schmilzt Ende April/ Anfang Mai. In der warmen Sommerzeit werden in S¸d-Karelien oft die hˆchsten Temperaturen des ganzen Landes gemessen. Das Wetter im Herbst und im Winter wird hauptsächlich durch den Einfluss des östlichen Kontinentalklimas bestimmt, im S¸den der Provinz auch durch den mildernden Einfluss des Meeres.

Четыре времени года.
– Весеннее таяние льда на крупных озерах провинции происходит в апреле-мае.В период летней жары самая высокая температура в Финляндии часто бывает в ´жной Карелии. Осенние и зимние погодные условия определяются холодным восточным континентальным климатом, который преимущественно в южной части привинции смягчается влиянием моря.

1)ELINKEINOT				2)PINTA-ALAT JA RANTAVIIVA			3)VÄESTÖ 2000
4)Työpaikat 1998 %	5)Maa-ja metsätalous	6)Teollisuus ja rakent.	7)Kauppa ja palvelut	8)Rantaviiva km	9)Pinta-ala km²	10)Vesipinta-ala km²	
Lappeenranta	3,1	30,1	66,8	691	847,7	84,6	58 041
Imatra	1,3	41,2	57,5	162,8	191,5	36,1	30 663
Joutseno	6,8	42,2	51	374,1	499,1	187	11 005
Lemi	26,8	17,6	55,6	293,7	262,9	45,6	3 137
Luumäki	27,2	24,4	48,4	830,1	859,6	109,6	5 328
Parikkala	22,7	18,6	58,7	408,9	421,4	97,6	4 582
Rautjärvi	10,1	47,4	42,5	410	402,5	49,9	4 619
Ruokolahti	22,4	12,4	65,2	1 764,4	1 187,9	261	6 204
Saari	53,1	5,6	41,2	99,9	182,3	15,9	1 504
Savitaipale	22,1	16,1	61,8	995,9	693,8	153,1	4 396
Suomenniemi	30,6	16,1	53,2	651,7	362,5	76	850
Taipalsaari	19	16,4	64,6	1 078,5	758,6	410,5	4 712
Uukuniemi	32,6	5,7	61,7	167,9	156,4	54,9	567
Ylämaa	37,4	21,7	40,9	353,3	409,5	28,6	1541
Etelä-Karjala	7,1	32,1	60,8	8282,2	7236,2	1610,4	13 7149

(koko maa 5 181 115)

1) Näringsgrenar
2) Areal och strandlinje
3) Befolkning
4) Sysselsättning
5) Jord- och skogsbruk
6) Industri och byggnation
7) Handel och tjänster
8) Strandlinje
9) Totalareal
10) Vattenareal

1) Employment
2) Area and shoreline
3) Population
4) Occupations
5) Agriculture and forestry
6) Manufacturing and constructuring
7) Sales and services
8) Shoreline
9) Area
10) Lake area

1) Wirtschaft
2) Fläche und Uferlänge
3) Bevölkerung
4) Arbeitsplätze
5) Land- und Forstwirtschaft
6) Industrie und Baugewerbe
7) Handel und Dienstleistung
8) Uferlänge
9) Fläche
10) Wasserfläche

1) 6 ПЛОЩАДЬ И БЕРЕГОВАЯ ЛИНИЯ
2) НАСЕЛЕНИЕ
4) Занятость в 1998 г.
5) Сельское и лесное хозяйство
6) Промыш-ленность и строит-во
7) Торговля и услуги
8) Береговая линия
9) Площадь
10) Площадь водоемов